# 原人论全译

董　群　译注

巴蜀书社

**图书在版编目（CIP）数据**

原人论全译 / 董群译注. -- 成都 ：巴蜀书社，2025. 2. -- ISBN 978-7-5531-2353-0

Ⅰ. B946. 6

中国国家版本馆 CIP 数据核字第 202569NE53 号

**原人论全译** 董　群　译注

YUANRENLUN QUANYI

| | |
|---|---|
| 责任编辑 | 王　楠 |
| 封面设计 | 王　琪 |
| 发　　行 | 巴蜀书社<br>四川省成都市锦江区三色路 238 号新华之星 A 座 36 楼<br>邮编 610023　总编室电话：（028）86361843 |
| 网　　址 | www. bsbook. com |
| 经　　销 | 新华书店 |
| 印　　刷 | 成都蜀通印务有限责任公司 |
| 版　　次 | 2025 年 2 月第 1 版 |
| 印　　次 | 2025 年 2 月第 1 次印刷 |
| 成品尺寸 | 140mm×203mm |
| 印　　张 | 8. 25 |
| 字　　数 | 200 千 |
| 书　　号 | ISBN 978-7-5531-2353-0 |
| 定　　价 | 48. 00 元 |

# 再版说明

中国古代哲学是中华优秀传统文化的重要组成部分，集中反映了中华民族认识世界、改造世界的过程，体现出中华民族的超群智慧和深厚文化底蕴，在新时代仍具有重要的价值和意义，充满了生机与活力。为积极弘扬中华优秀传统文化，推动中华民族现代文明建设，我们对20世纪90年代我社出版的经典哲学丛书《中国古代哲学名著全译丛书》进行修订再版，以飨读者，也是践行习总书记提出的文化自信的重大举措。

为方便时下读者阅读，本次再版，我们做了如下调整。

（1）对原二十四种哲学名著做了精选，保留其中十八种。

（2）对各译本内容的结构进行了优化调整，将原文、注释和译文分段对应，将原注释及译文部分的脚注放到原文之下，以便更好地发挥注释、译文、脚注等对原文阅读的辅助作用。

（3）为体现时代发展、哲学研究发展、语言发展和新时代文化发展要求，对原版内容中的一些专业提法及语言描述等做与时俱进的优化修改。

本丛书译注者中，任继愈等几位先生虽然已经仙逝，但他们与文字永存。

本次再版，得到李申等几位先生的大力支持。在此，表示衷心感谢。再版工作的不足之处，恳请读者提出宝贵意见，以便本丛书不断臻于完善。

巴蜀书社

2023 年 6 月

# 原书总序

在国务院古籍出版规划统一方针指导下，我们与巴蜀书社合作，编辑了这套《中国古代哲学名著全译丛书》。

世界各民族不论大小，都对人类文明有所贡献，中华民族有五千年的历史，它对人类文明已经做出过伟大的贡献。伟大的贡献，有赖于民族思想文化的成熟。中国哲学，是中华民族思想文化成熟的标志。

五千年来，中华民族经历了无数的忧患和灾难。但是，忧患和灾难并未使它消沉，反而使它磨炼得更加坚强，在与困难和挫折的斗争中，它发展了、前进了。在前进的过程中，中华民族认识着世界，改造着世界，同时也改变着自身。

中华民族认识世界、改造世界的过程，在中国哲学中得到了集中的反映。其深闳的内容，明睿的智慧，在古代社会，和其他民族相比，都达到了极高的水平。中国哲学，在当时，无愧于自己的时代；在今天，是我们宝贵的文化遗产。随着人类社会的不断前进，随着对历史的深入剖析，中国哲学的内容和它的价值，将日益被更广大的人群所认识、所接受。

中华民族这个伟大的民族，有责任对世界文明做出更多的贡献。我们今天面临的任务，是要创造新的物质文明和新的精神文明，要完成这个历史任务，从中国古代哲学中寻求借鉴，提高广大人民的文化素养，是个必要的途径。

借鉴中国古代哲学，广大读者首先遇到的麻烦，是语言文字的障碍。本丛书的目的，就是为广大读者扫除这个障碍，使得更多的人能从中国古代的哲学著作中得到启迪，锤炼他们的智慧。

汲取前人的文化财富（包括哲学、文学、科学、艺术），都应该直接取自原作，这是不言而喻的道理。事实上，能做到这一点的，总是少数人。所以从古到今，都有一些人在从事翻译工作。有不同文字的互译，也有古籍今译。缺少这个工作，人类创造的精神产品，就不可能成为广大人民的财富。

古文今译，并不是现在才有的。司马迁撰写《史记》，曾把商周的文献典籍译成当时流行的语言，树立了成功的范例，使佶屈聱牙的古代文献，被后世更多的读者所理解。古希腊哲学为后世欧洲哲学的源头，今天的欧洲人（包括今天的雅典人）了解古希腊哲学，很少有人直接阅读古希腊文原著，人们多是通过各自民族的现代译文去了解古希腊哲学，这是学术发展的趋势和方向。

任何译作（古文今译，异国语文互译）都难做到毫不走样。但我们要求本丛书的译文除了对原文忠实外，还要尽力保持原著的神韵风格。这是我们争取的目标，并希望以此和广大读者共勉。

任继愈

# 目 录

# 《原人论》述评

## 一、《原人论》的写作年代

《原人论》，全称《华严原人论》，为唐代华严宗五祖、禅宗荷泽系传人宗密（780—841）所作。宗密这部重要作品确切的成文时间已难详考。宗密对自己著作的写作时间大多有准确的记录，而这篇《原人论》则缺乏这样的记录。不只如此，对宗密十分了解的裴休在为宗密撰写碑文时，对宗密一生的著述作了较详的记载，却没有讲到《原人论》。赞宁在《宋高僧传》中为宗密作的传记，因多抄自裴休为宗密所撰的碑文，自然也没有提到《原人论》。后来清人续法辑《法界宗五祖略记》，其中的《五祖圭峰大师传》，竟然也没有提到《原人论》，可宋人早就对《原人论》进行了注解。台湾“中央”图书馆有标为133号的《大乘禅门要略》一卷，也就是《禅源诸诠集都序》。文后有一个附录，详列宗密的作品，但是也没有《原人论》。也许此论本收在宗密的其他作品中，比如收入《道俗酬答文集》十卷中。这就使今人研究《原人论》的成文时间十分困难，因此学者们在这一问题上有不同的看法。有的主张难以确定《原人论》是宗密的早期作品还是晚期作品，有的则认为其是宗密的晚期作品。所谓早期或晚期有一个参照系，就是宗密的成名作，即《圆觉经大疏》《圆觉经大疏钞》《圆觉经略疏》和《圆觉经略疏钞》的写成时间。这四种作品写于长庆二年（822）到长庆三年（823）之间。在此之前的，自然是早期作品，在此之后的，称之为晚期作品。之所以要确定这样一个参照系，是因为《原人论》与此四种作品中的许多思想相同，只是《原人论》中的思想更简洁，具有纲要性的特点，而四种作品则十分详尽，在《圆觉经大疏钞》中这一特点表现得更明显。可以略举几例来说明这一点。

《原人论》中有“又，道育虎狼，胎桀纣，夭颜冉，祸夷齐，何名尊乎”一句，这和《圆觉经大疏》卷中之三里的描写大致相同：

> 又，道育虎狼，胎桀纣，夭颜冉，祸夷齐，是长恶弃善之物，何名尊乎？

《圆觉经大疏钞》卷九之下则有一长段：

疏"又，道育虎狼"等者，道既能生万物，则虎狼桀纣皆是道能生成养育。养育无道之君，涂炭生灵；生成虎狼之类，残害人畜禽兽，岂非道之不仁欤？言"虎狼"者，类取蜂虿蛇鸩一切毒恶物也；"桀纣"者，类取盗跖商臣等一切粗恶人。"胎"者，始也，如人始孕，是生成养育之初始也。意云人虽各有父母，寻其根元，皆禀于道，即道是初始胎育之义。疏"天颜"等者，颜回、冉伯牛皆至贤至仁，是十哲之首，德行之科，皆彼大道夭之，令短命。伯夷、叔齐，皆有志节，是贤是仁，亦彼大道祸之，令饿死首阳山，况降霖霪、流炕旱、起疾疫、发迷乱？据此，则道为不恩不慈之母也。既旱霖、疫乱、恶毒、不孝皆自道而生，由道而有，则圣人除暴乱、弃愚恶，乃是反天地、逆道化之大贼也，岂名崇尊教典，敬仰法则，顺天道之者乎？以彼云一切皆从大道而得，故示尔也。疏"是长恶"等者，长恶谓有育虎、胎纣等也。弃善谓天颜、祸夷等也。"何名尊乎"，《老》云"道尊德贵"，今既长恶弃善，何得云尊贵也？

《原人论》为了证明鬼神存在，讲到"死而苏者说幽途事，或死后感动妻子，仇报怨恩"等事，《圆觉经大疏钞》具体地列出了许多实例加以证明。

单纯就《原人论》和《圆觉经大疏》等来看，可以说《原人论》是对《圆觉经大疏》的概括。如果是这样，则《原人论》写于《圆觉经大疏》等之后，由此可以断定《原人论》是晚期作品。但也可以说《圆觉经大疏》等是对《原人论》的进一步发挥，则《原人论》自然是早期作品。因此，有日本学者认为，在目前的情况下，无法确定《原人论》究竟是早期作品还是晚期作品。镰田茂雄就持这样的谨慎态度①。中国的学者则基本认为《原人论》是宗密的晚期作品。

笔者的看法是，《原人论》是宗密的晚期作品，是宗密晚年对自己思想的总结，基本理由如下：

第一，宗密的早期著作，具体的写作时间、地点等，宗密自己在《圆觉经大疏钞》卷一之下中有着详尽的记录，不妨照录：

> 元和十一年（816）正月，在终南山智炬寺完成《圆觉经科文》，又写《圆觉经纂要》两卷。
>
> 元和十四年（819），在长安兴福寺作《金刚般若经疏》一卷，《金刚般若经疏钞》一卷。
>
> 元和十四年（819）冬到元和十五年（820）春，在兴福寺、保寿寺两地写成《唯识论疏》两卷。

---

① ［日］镰田茂雄：《儒道的气与佛教》，［日］小野泽精一、［日］福永兴司、［日］山井涌编：《气的思想：中国自然观和人的观念的发展》，李庆译，上海人民出版社 1990 年版。

长庆二年（822）到长庆三年（823）秋冬之际，在草堂寺写成《圆觉经大疏》三卷。

长庆二年（822），在终南山丰德寺写成《华严纶贯》五卷。

长庆三年（823），在丰德寺写成《四分律疏》三卷。

一般来说，如果《原人论》的写作在《圆觉经大疏钞》之前，那么宗密也会在这里列举出来的，可是我们在此找不到《原人论》。这也可以说明，宗密此时还没有撰写《原人论》。

第二，从宗密写作《圆觉经大疏》的大致过程来看，似乎并不是以《原人论》为思想提纲，然后再在此基础上加以阐发的。

《圆觉经》是在宗密的思想演化过程中起着重要作用的一部经典。宗密在四川的道圆禅师门下时，他在遂州府官员任灌家得到了此经。他初读此经，顿时感到无比的喜悦。道圆见他有这样的法喜，便建议他外出游方，因此，宗密受具足戒后便带着《圆觉经》云游四方。期间，宗密搜集了一些当时能见到的关于此经的注疏，如上都长安报国寺惟悫法师的《圆觉经疏》一卷、先天寺悟实禅师的《圆觉经疏》二卷、荐福寺坚志法师的《圆觉经疏》四卷和北都藏海寺道诠法师的《圆觉经疏》三卷。他对这些疏文进行了反复比较研究，认为它们都没有抓住《圆觉经》的本质。这也是他日后要写出自己的《圆觉经》疏文的原因之一。他写《圆觉经大疏》“参详诸论，反复百家，以利其器，方为疏解”[①]。他在反复研究各种疏文得失的基础上进行创作，具体的写作过程为：“根本始自元和十一年春，于南山智炬寺下笔科判，及收检四家疏义，集为两卷，私记检之，以评经文，被于学禅之辈，中间至长庆二年，于草堂寺再修为《疏》，并开数十段章门，至三年秋冬方得终毕。”[②] 这部疏文从准备到完成历经八年，先是写出《圆觉经科文》，把经中的思想用最简要的语言概括出来，再将概念的演进关系用线条连起来。这是一种提纲式的概括，而不是文章。后在此基础上写成的《圆觉经纂要》，对照了四种疏文，但此书并没有马上公开。元和十四年（819），宗密回长安时又把《圆觉经纂要》带回，经常拿出来对照《圆觉经》加以修改，又和同道数人反复看了几遍，一直到“渐觉通彻，不见疑滞之处”[③] 为止。长庆元年（821），宗密返回终南山，次年，在《圆觉经科文》《圆觉经纂要》和研究各种关于《圆觉经》的章疏的基础上，开始写作《圆觉经大疏》。在这个过程中，我们似乎看不出其以《原人论》为写作此疏的思想纲要。

---

① 《圆觉经大疏》卷上之一。

② 《圆觉经大疏钞》卷一之下。

③ 同上。

第三，《原人论》的写作，在一定程度上可以说是针对当时的“原学”，是在唐代儒家“原学”思潮的基础上提出的佛教“原学”。

所谓“原”，是指事物的本原、终极原因。唐代儒家对事物本原的探讨有着极大的热情，可以说形成了一种思潮。这和先秦儒学相比，是个很大的进步。这一思潮中的代表人物，是曾上表皇帝对佛教提出严厉批评的韩愈。韩愈写有《原道》，追溯儒家、道教与佛教的源流及其区别，提倡儒家的仁义，反对佛教、道教的人生追求。他又写有《原性》，探讨人性的本质，提出性三品和情三品说。他又写有《原人》，探讨天、地、人的本质，认为天、地、人三者都是由道主宰的。当然，其他人的有些作品名虽然没有“原”字，但实际上也是探讨本原的，比如柳宗元的《天说》《天对》，其实也以元气为天的本原。虽然不能确定韩愈“原”字号作品（他还著有《原鬼》《原毁》）的写作时间①，但可以断定宗密《原人论》的撰写时间应该在韩愈“原”字号作品之后，也在《圆觉经大疏钞》之后。

第四，宗密自己的叙述。宗密在《原人论》的序文中讲到，他在“数十年内，学无常师，博考内外，以原自身”。按照中文的表达习惯，以“数”来指大概的数字，至少是在三之上，数十年则至少指的是三十年。宗密的人生经历，根据他

① 《韩愈年谱》将其列入“无年可考附”一类。（中华书局 1991 年版）

自己的记录，自七岁至十七岁的十年习儒，十八到二十二岁向佛，二十三岁再习儒准备科举考试，二十五岁从道圆禅师出家习禅宗。就算从二十岁算起，加三十年，也是到了五十岁才写此论。宗密生于建中元年（780），加五十年已是大和五年（830）了，比写《圆觉经大疏》的长庆二年（822）晚了八年。

第五，从宗密判教观的发展，也可看出《原人论》为宗密的晚期作品。关于华严宗传统的判教，以法藏为例，以义分，即从佛教发展的先后顺序来分，判为五教：小乘教、大乘始教、大乘终教、大乘顿教和一乘圆教，简称为小、始、终、顿、圆；以理分，即从佛教各发展阶段的不同思想分，可开为十宗。

在《圆觉经大疏》卷上之二中，宗密提出五教判摄：第一愚法声闻教、第二大乘权教、第三大乘实教、第四大乘顿教、第五一乘圆教，简称小、权、实、顿、圆。这也是华严宗传统的判教观。以理开宗，又分为五宗：第一随相法执宗，指小乘教；第二真空无相宗，指空宗；第三唯识法相宗，指有宗；第四如来藏缘起宗，指《大乘起信论》；第五圆融具德宗，指《华严经》。在《圆觉经大疏钞》卷八之下中，宗密又提出了六教判摄：第一人天教、第二小乘教、第三法相教、第四无相教、第五终极法性教、第六顿教（指《华严经》）。这时，宗密在华严宗传统判教体系的基础上探索自己的判摄体系，但这种体系还没有形成，而到《原人论》中，这一体系完成了。《原人论》中的判教，不限于佛教内部，而把儒、道也包括在内。这就是儒道教、人天教、小乘教、大乘法相教、大乘破相教和一乘显性教，这是与华严宗其他判教体系的最大不同。清凉澄观曾考虑佛教的判教是否应该纳入儒、道的问题，但终究认为儒、道与佛教是两种不同的思想体系，方内方外，施设非一，所以“今所分判，唯论释典”①。因此从宗密特有的判教思想的形成来看，《原人论》是宗密的晚期作品。

第六，屏山居士李纯甫在《原人论后序》中明确讲到，宗密先是著《圆觉经大疏》及《圆觉经大疏钞》等作品，又怕这些作品阐理太深，又著《原人论》进行简要说明。

## 二、《原人论》的写作背景

《原人论》主张三教合一论，认为三教合于佛教，主张以真心作为宇宙、社会和人的本原。这种思想的提出，其背景大致有二：一是唐代儒学对佛教的批评或融合态度，唐代道教对佛教的批评或融合态度，及对儒教的融合态度；二是唐代佛教宗派的分立势态。针对这样的情况，宗密提出了自己的看法。从这个角度看，宗密《原人论》也是时代的产物。

唐初实行三教并用政策，在崇儒的前提下，佛、道二教兼

---

①《华严经行愿品疏》卷一。

重，只是在佛、道的先后问题上稍有变化。虽然三教之间有矛盾，但社会上的知识分子还没有卷入此问题。到了中唐，情形就有所不同，三教之间矛盾不断。这种矛盾公开化，成为当时的一大社会问题。一些著名的知识分子对此纷纷发表自己的看法，就儒学系统而言，对佛教、道教的态度就分为排斥派和融合派。

排斥派以韩愈为代表，他批评佛教的依据还是传统的夷夏论、华夏文化优越论，又批评佛教和儒家有价值观冲突，还从经济角度抨击佛教对世俗经济的危害。

融合派则有多种不同的观点。比如李翱，他以《中庸》为依据，以佛教的修养论为方法，提出了自己的“复性说”。他虽然没有提出系统的三教合一论，但已在这具体的观点上融合了佛教的心性说。又如柳宗元，他认为佛教与儒学有许多相合的地方，“浮图诚有不可斥者，往往与《易》《论语》合，诚乐之，其于性情奭然，不与孔子异道”①。因此，他认为不能盲目地排斥佛教。他批评韩愈反佛只是做表面文章，“忿其外而遗其中，是知石而不知韫玉也”②。对于道教，柳宗元也是主张融合的，“余观老子，亦孔氏之异流也，不得以相抗”③。他认为老子与孔子殊途同归，“皆有以佐世”④，都是

① 《柳宗元集》卷二五《送僧浩初序》。

② 同上。

③ 《柳宗元集》卷二五《送元十八山人南游序》。

④ 同上。

治国安邦的准则。这是明确的三教合一论了，尽管柳宗元没有提出三教合一的概念。

道教虽然与佛教有争论，但对佛教的思想也有吸收，对儒学的思想也多有融合，采取的也是三教合一的策略。

唐初道士成玄英提出了“重玄之道”。这个道不是有，不是无，也不是非有非无，而是超越有无对立的。这种说法，显然不能说和佛教的中道说毫无关系。

道士李筌以阴阳二气为本源，又吸收儒家的中庸思想，提出了“抱一守中”论，这个“中”是儒家的中庸之中。这是对儒家思想的融合。

王玄览提出了“诸法无自性”的命题：“诸法无自性，随离合变为相、为性。观相性中，无主，无我，无受生死者。”[1]这全是佛教缘起性空的思想。他又讲“心生诸法生，心灭诸法灭”[2]，则源于佛教的“心生种种法生，心灭种种法灭”说。这是王玄览对佛教思想的吸收。

司马承祯提出的“坐忘”说，是在传统道家观点的基础上综合儒家的正心诚意论和佛教的止观说而成的。他又把儒家与佛教的心性论融入道教理论。这是站在道教的立场上来融合三教。

如果再往前推究，道教对儒家和佛教思想的吸收进行得更

① 《玄珠录》卷下。

② 同上。

早。东晋道士葛洪的《抱朴子》就是会通儒、道的，他吸收了儒家的忠孝仁信等礼法原则，把纲常名教纳入其道教体系。北魏道士寇谦之把儒家的等级制度引入道教，使道教的“礼拜、衣冠仪式各有差品”①。南朝宋代道士陆静修主张佛、道一致说，认为两者殊途同归，“在佛为留秦，在道为玉皇，斯亦殊途一致耳!”② 南齐道士孟景翼则提出佛道归一论，因为两者都以“一”为最高本性，“佛以一音广说法”，而道教方面是“圣人抱一以为天下式”③。齐、梁间道士陶弘景主张三教合一，认为各种思想体系都不出三教的范围，所谓“万象森罗，不离两仪所育；百法纷凑，无越三教之境”④。

对于三教关系，儒、道二教多站在本教的立场上来融合三教，那么佛教的情形又如何呢？在魏晋时期，佛教一直是持三教融合说的，虽然具体提法不同，但基本精神是一致的。唐代正是佛教开宗立派的时代，中国佛教各宗派的创立者都考虑到了中国的文化背景，对三教关系的处理和魏晋时期不同了，不再像魏晋时期那样只提出三教融合的口号，而是把儒、道思想具体地融合在自身的体系中。这一点，禅宗做得最为成功。其他宗派，包括天台宗和华严宗，虽在这一问题上都没有达到禅宗的水平，但他们都是非常中国化的。像三论宗的吉藏曾经对

① 《魏书》卷一一四《释老志》。

② 《三洞珠囊》卷二《道学传》。

③ 《正一论》，《南齐书》卷六九《顾欢传》引。

④ 《茅山长沙馆碑》。

儒、道作了专门的批评，而不是致力于融合三者。他在《三论玄义》中有“摧伏外道”之举，他所批评的外道，既有天竺异执，也有“震旦众师”，特别是《老子》《庄子》和《周易》三玄，实际上就是儒、道二教。虽然禅宗率先完成了三教融合，但其并没有关于三教合一的理论体系。

宗密的三教合一论不只以佛教融合儒、道，也有佛教内部各宗派融合的内容，而且很大部分的内容都用于论证这一点。他以佛教中最高教门的本体之教——一乘显性教所揭示的真心来统一佛教各宗派，融会儒、道。而当时的佛教界还基本上没有考虑自身内部的融合问题，诸宗注重的是强调自己的独特观点，而不是与他宗相融。在这些教门中，大乘法相教（法相宗）可以称为相宗，大乘破相教（三论宗）可以称为空宗，一乘显性教（华严宗）可以称为性宗，天台宗其实也可以归入性宗的范围。除此之外，则有教外别传的禅宗。对于这些不同类型的教派各自强调的思想差异，宗密在《圆觉经大疏》和《禅源诸诠集都序》中都有区分。比如性宗和相宗之别包括：一乘三乘别、一性五性别、唯心真妄别、真如随缘凝然别、三性空有即离别、生佛不增不减别、二谛空有即离别、四相一时前后别、能所断证即离别、佛身有为无为别。性宗和空宗之别包括：无性本性别、真智真知别、二谛三谛别、三性空有别、佛德空有别①。像三论宗和唯识宗，只存在了很短的时

① 《圆觉经大疏》卷上之一。

间就绝传了，而像天台宗这样的宗派则传承久远。但问题并不在这里，而在于这些宗派不知道合会，并没有意识到佛教自身也应该根据新的时代需要而走合的道路，不能一味地分了。宗密曾批评说："禅宗、天台，多约止观，美则美矣，且义势展转，滋蔓不直。"① 佛教只注重分而不知道合，而当时的儒、道二教却都在走三教融合的道路。面对这一新的形势，佛教应该如何对应呢？

宗密在这时候提出了自己的三教合一论，这既是对儒、道二教的回应，也是他关于新的历史条件下佛教发展的思路。他认为三教应统一于佛教，那么佛教内部自然也有一个如何融合的问题，而当时佛教的状况显然难以适应这一需要。宗密提出了以真性作为佛教内部统一的基础的观点，这当然有其宗派的立场，他大致是站在华严宗的立场上来立论的。其实各宗的判教都会坚持这样的宗派立场，都把本宗判为最高教门。但与诸宗不同的是，宗密在把华严宗视为中国佛教的最高教门之后，又以此为出发点融合诸教，于是有佛教内部的统一。

儒、道二教虽然讲三教融合，但并没有从理论上系统地论证三教合一的原理，但宗密做到了。他分析了三教的理论差异，及不同点和相同点，指出了儒、道二教的不彻底性，及其在解决社会、人生问题时会遇到的问题，提出在何种情形下三教有别，在什么情况下三教可以融合及融合的基础是什么。这

---

① 《遥禀清凉国师书》。

一点，显得其理论更有说服力。

佛教关于三教合一的理论在唐代首先由宗密做出系统的分析，在某种程度上讲也具有一定的必然性。这一点，从宗密的问学经历和思想演变中也可以看出来，只有他才能首先进行这一工作。关于他的学问经历和思想变化，可以参看他写给清凉澄观的信《遥禀清凉国师书》。从中我们可以发现，宗密的思想中很早就有了三教融合的观念。

## 三、《原人论》的思想主旨

《原人论》的主旨是三教合一。三教合一论不是单纯地讲融合，宗密首先对诸教进行分析，提出批评，指出其迷执或偏浅的问题，认为他们不知真心的作用，并由此逐层揭示出真心的终极地位，再从这个真心出发，融合佛教各宗派，并融合儒、道二教。他又揭示了真心的本体地位，认为真心是宇宙、社会和人的本原，也显示了佛教的宇宙观、社会历史观。

### （一）对儒道的批评

《原人论》的正文部分首先对儒、道二教的原人观进行了批评。宗密把儒、道二教的原人观归纳为大道生成论、自然论、元气论和天命论四种，然后逐一分析批评，重点指出其在解决社会历史问题上的局限性。

**1. 批评大道生成论**

大道生成论，即道本论，以道为人的本原。作为宇宙和社会的本质，这一思想在先秦时期主要是道家的观点，以老子和庄子为代表。儒家“易有太极”中的“易”，在宗密看来也是与道一致的。在唐代，一些著名的儒家人士也主张此论，比如韩愈也讲道，他把道看作是仁义道德体系中的一环，道是在仁和义的基础上建立起来的。唐代道教则对道有了更深入的讨论，成玄英提出了“重玄之道”；王玄览把道又分为“可道”和“常道”，以“可道”为虚假的道，“常道”为真实的道；司马承祯则加入了心性的内容，认为道是灵而有性的本性。宗密所批评的道，就是这样的道，特别是唐代儒道二教所坚持的道。

宗密把道的性质定义为虚无，宗密所称的这种虚无，也不全源于老子，而是引入了佛教的中道论，“道者虚无，非有非物，是故杳然、冥然”①。实际上成玄英就是这样来规范道的。他认为道不是有，不是无，不是非有，不是非无，而只是非非有非非无。

宗密对大道生成论的批评体现为三方面：一是揭示其理论和实践的矛盾，二是揭示其和社会现实的矛盾，三是揭示其内

① 《圆觉经大疏》卷中之三。

在的理论矛盾。

先述其一。所谓大道生成论的理论和实践的矛盾，即道体的常性和圣人、道人破坏此常性的矛盾。儒、道把道体的性质规定为“常”，即永恒性、不变性。老子讲“道可道，非常道”①，又讲“静为躁君”②。宗密认为，如果道体是常，由其决定的一切现象也应该具有这种特征。具体而言，人的生死贤愚、吉凶祸福等现象，都应该是不可改变的。善者永善，不会增加一分，恶者永恶，不会减少一分，而圣人的行为却要改变道的这种常性。为什么这么讲呢？圣人设立教化，去恶除乱，扬善致治，使愚者不再愚，贫者不再贫。道士则要服食丹药以延年，“服食制其死，令不死”③。唐代非常盛行服丹，外丹派就有传统的服食金砂派，也有内丹派。这些做法在逻辑上都是和道体相违的，从道的常性来看，根本就无需教化，无需服丹。因此，宗密称圣人是“逆道化之大贼”④。

次述其二。揭示大道生成论和社会现实的矛盾，即对儒、道二教进行社会批判。他揭示大道生成论在解释社会不合理现象时的局限，特别是以社会中恶的现象来否定所谓的道体尊严：“道育虎狼，胎桀纣，夭颜冉，祸夷齐，何名尊乎？”⑤ 老

---

① 《老子》第一章。

② 《老子》第二六章。

③ 《圆觉经大疏钞》卷九之上。

④ 同上。

⑤ 《原人论》。

子讲道尊德贵，万物都以道为尊，以德为贵，“万物莫不尊道而贵德。道之尊，德之贵，夫莫之命而常自然”①。但社会现实却与这种尊贵的道体相矛盾，道既化育出凶恶的虎狼，又化育出比虎狼还要凶残的昏暴之君。不但如此，道还使善者不能长寿，贤德如颜回，大才如冉求，道都让他们短命而死；伯夷、叔齐乃贤士，道却让他们饿死在首阳山。大道如此惩善扬恶，还谈得上什么尊贵呢？

对于这类问题，儒、道二教的社会历史理论并没有给出很好的解释，连孔子都只能痛惜颜回不幸短命。其实儒、道都看到了社会中的恶，他们把社会区别为有道和无道两种：在有道的社会，老子认为就有和平，孔子认为就有秩序；在无道的社会，老子认为就有祸乱，孔子认为就会犯上作乱。但为什么会产生无道的社会？在宗密看来，儒、道都没有找到原因，其实原因就在于大道本身，道是恶的根源，是社会不平等的根源。

再述其三。关于大道生成论的内在理论矛盾，《原人论》没有具体展开，但《圆觉经大疏》是详细分析了的，不妨一叙。

关于道的性质，《原人论》讲了“常”，《圆觉经大疏钞》还讲到了“遍”，即普遍性。庄子就讲过道普遍地存在于一切中，甚至存在于屎尿之中。宗密指出，如果以具体的、有“常”和“遍”特性的道作为本原，作为宇宙、社会和人的终

① 《老子》第五一章。

极原因，那么这种终极原因只能是邪因："若以自然常、遍之道为因，能生万物，此是邪因。"[①] 其理由来自《成唯识论》。

理由之一，"若法能生，必非常故"[②]。如果万法是从道体中产生的，那么这个能生的道体也和被生的万法一样，也在时间上有个开端，但不是常，而是有常，故生成的主体应该是无常的。这里也可以看出，宗密是以本体论来批评宇宙生成论的。他认为道体和万物不是生和被生的关系，而应该是本体和现象的关系。在道家，这种区分是模糊的，儒家更是很少注意这点。

佛教中的真心本体也是能生的本体，其和这里所批评的生成论有什么不同呢？宗密认为，真心的能生和道体的能生并不是一回事，真心并不直接生成万物。真心分为两个部分：一是心真如门，二是心生灭门。前者是真心的自性体，后者是真心的自性用。生成万物的是心生灭门，真心之体是无生无灭的。

理由之二，"诸非常者，必不遍故"[③]。既然道体"常"的本性不能成立，那么其"遍"的特性也因此不能成立。道失去了普遍性，就意味着道不可能存在于一切事物之中，只能像瓦盆等器物在盛满水后映现一些具体事物的影像而已。

理由之三，"诸不遍者，非真实故"[④]。道体的"常"

---

① 《圆觉经大疏》卷中之一。

② 同上。

③ 同上。

④ 同上。

“遍”之性都不能成立，这就与儒、道对道的规定性相违了。这种矛盾表明，道并不是真实存在的本体，以这种道作为终极原因，只能是“邪因”。

2. **批评自然论**

所谓自然论，是指以自然为本体，其实是对大道生成万物方式的进一步描述。大道如何生成万物？是自然生成的。老子有“道法自然”之说；孔子讲“天何言哉？四时行焉，百物生焉，天何言哉”①，也有自然之意；王充的《论衡》中也有《自然》篇。宗密据此将其归纳为自然论。

宗密对自然论的批评，重点在突出自然论和佛教因缘论的对立。他把自然论理解为万物产生的无条件论，而佛教在讲到具体事物的存在特性时是讲因缘的，这种因缘使万物具有性空的特点。事实上，从先秦道家的理论来看，道家还是讲条件性的。荷泽神会就说过，在道家“道生一，一生二，二生三，三生万物”的宇宙生成模式中，“从道以下，并属因缘”②，道以上是自然。但是宗密的看法也是有针对性的，唐代道教把道的自然和佛教的因缘对立起来，以自然论否定佛教对人生的看法（当然佛教界的一些人也以因缘论否定自然论）：“天下应帝廷僧，唯说因缘，即不言自然。天下应帝廷道士，唯说自然，即不言因缘。”③ 以反佛著称的傅奕，认为人的生死寿夭、

① 《论语·阳货》。

② 《荷泽神会禅师语录》。

③ 同上。

富贵贫贱纯粹出于自然，与佛无关："生死寿夭，由于自然；刑德威福，关之人主。乃谓贫富贵贱，功业所招，而愚僧矫诈，皆云由佛。"[①] 唐玄宗时的道士吴筠明确提出自然本体论，认为自然生虚无，虚无生大道，大道生氤氲，氤氲生天地，天地生万物[②]。在唐代，儒家也有人坚持自然论，比如柳宗元，他讲元气生万物"无营以成""无功无作"[③]，这也是自然说。

宗密对自然论的批评分为两个方面：一是揭示自然论和社会现实之间的矛盾，二是揭示自然论和实践之间的矛盾。

先述其一。自然论和社会现实之间的矛盾，表现为自然论不能完美地解释一些自然现象。宗密设难说："万物皆是自然生化，非因缘者，则一切无因缘处悉应生化，谓石应生草，草或生人，人生畜等。"[④] 这就是说，既然万物的生成不需要任何条件，那么一切不存在因果关系的事物之间都能相互生成，宗密称为时时能生，处处能生。而事实上，这是不可能的，万物的生成是待时而成的。

次述其二。自然论和实践之间的矛盾，体现为儒、道一方面讲自然生成不需条件，但另一方面却又做着与这种自然论相违的事。道士以丹药来实现成仙的理想，儒家以贤人良士的道德示范作用作为实现社会太平的重要条件，这怎么是自然呢？

① 《旧唐书》卷七九《傅奕传》。

② 《形神可固论》。

③ 《柳宗元集》卷一四《天对》。

④ 《原人论》。

进一步而言，既然讲自然生成，那么善恶也应是自然而成的，人为作用难以改变，但圣人却要设立教化，扬善弃恶，尊贤贱愚，录美弃丑，好富疾贫，这种价值选择违背了自然论。

如果说圣人的这种价值选择是合理的，那么自然论就没有存在的必要。而且，为什么会出现善少恶多、贵少贱多、富少贫多、美少丑多的社会现象呢？这是自然论难以解释的。

**3. 批评元气论**

元气论以元气来说明宇宙、社会和人的本原，这是儒、道的一个重要观点。宗密曾把老子“道生一”中的“一”理解为气，相当于佛教讲的风轮。庄子也讲“通天下一气耳”[①]，讲人的生死是由气的聚散，“人之生，气之聚也，聚则为生，散则为死”[②]。后来《淮南子》具体讲气化形成天地的情形，清气为天，浊气为地：“清阳者，薄靡而为天；重浊者，凝滞而为地。”[③] 这都是气化论的标准说法。先秦儒家也是讲气化论的，宗密常引述《礼记》和《易传》中的观点。《礼记》讲到人死亡后，魂气归于天，形魄归于地。《易传》中也讲：“精气为物，游魂为变，是故知鬼神之情状。”[④] 天、地、人及鬼神，都源于元气。

在唐代，道家讲的“炁”就是气。道士张果认为炁就是

① 《庄子·知北游》。

② 同上。

③ 《淮南子·天文训》。

④ 《易传·系辞上传》。

变化之源，“天地以阴阳之炁化万物”[1]。唐代儒学的元气论思想也很丰富。李翱说：“天地之间，万物生焉，人之于万物，一物也，其所以异于禽兽虫鱼者，岂非道德之性全乎哉？受一气而成形，一为物而一为人。”[2] 人与万物虽有区别，但都生于元气。韩愈的《原人》讲人之原，认为形而上者是天，形而下者为地，天地之间者，就是生命物，其中人最为尊贵。人源于天地之元气，是元气变坏后产生的，如同物体变坏后有虫子产生一样。柳宗元认为，在未有天地之前，元气是唯一的存在，“庞昧革化，惟元气存”[3]。元气分化出阴、阳、天三大元素，三大元素交互运动而产生万物，“合焉者三，一以统同，吁炎吹冷，交错而功”[4]。这里的“天”，应该理解为天然、自然，是元气自然运动的法则。刘禹锡也主张元气本原论，他以清浊轻重论元气，认为元气的交互运动形成万物，清浊轻重之气的地位是不一样的，“浊为清母，重为轻始”[5]。

宗密对元气论的批评，在很大程度上就是针对唐代的元气论思想的。宗密的批评从三个方面进行，即分别从佛教的前世、后世和心性角度来批评。

先述其一。所谓从前世角度批评，即批评儒、道否定佛教

---

① 《黄帝阴符经注》。

② 《复性书》下。

③ 《柳宗元集》卷一四《天对》。

④ 同上。

⑤ 《刘禹锡集》卷五《天论下》。

前世的存在。这一层次，宗密也是从三个方面展开的。首先是“宿习本有难”，从婴儿认识的发生来说明人是从前世而来的。元气论者在解释人的产生时，认为人是从元气中突然生成的，称为“欻生”。宗密指出，既然如此，那么婴儿从没有经过任何学习思虑，他为什么先天就有认识能力呢？他说：“又言皆从元气而生成者，则欻生之神，未曾习虑，岂得婴孩便能爱恶骄恣焉?”① 我们可以说，宗密在这里所说的婴儿的“爱恶骄恣”等，其实是人先天的生理本能。但宗密却将其视为一种“宿习”，即从前世传承下来的先天的认识能力，由此证明前世的存在。关于人的认识是如何产生的，元气论确实没能做出较为精细的说明。荀子提出过“形具而神生”的观点，其基本思路是正确的，但还缺乏更深入的论述，这是其弱点，而这种弱点被宗密抓住了。

其次是“未习则无难”。宗密又发难道：既然人是从元气中突然产生的，人的认识也生自元气，那么人就不必通过学习来掌握知识了，而是自然就会从元气中取得。但是，像五德、六艺等知识，不通过教化，人就无法获得，所以圣人重教化，这和元气论的认识生成原则不是相违吗？要么圣人重教化是不当的，要么元气论的原人观本身是不当的。

再次是“指事遮救”。对于前一条批评，儒家辩解说人的认识是“感物”而生的，这实际是讲到了认识论中的反映论

① 《原人论》。

原则，与前世并无关系。宗密则反驳说：这样的看法并不能解释婴儿认识的发生问题，婴儿并没有经过“感物”的过程，为什么会有认识？再说，天地之气本身并没有认识能力，为什么人禀气后就会有知呢？同样是禀气，草木之类为什么就没有认识能力呢？

次述其二。所谓从后世角度批评，即指斥元气论否定后世的存在，证明人的认识从前世经由现世而延续至后世，宗密从四个方面来完成这一责难。

一是“以有难无”，即以佛教所持的后世实有论来批评元气论者对后世的否定。元气论讲人之生是禀气而有，死乃气散而无，但这样的话谁为鬼神呢？鬼神的存在是后世存在的证明，而元气说否定鬼神是与佛教的后世论相违的。

二是“双彰过、未二世”。一方面，元气论在否定鬼神；但另一方面，又有许多俗世的“事实”证明了鬼神的实有。比如说，“鉴达前生，追忆往事”说明了前世的有，又“死而苏者说幽途事”说明了后世的实有。其实宗密列举的例子或是民间传说，或是迷信，并不能作为论据。

三是“证成不断”，以儒家典籍中关于祭祀仪式之规定来否定元气说。祭祀的前提是承认前世的存在，承认鬼神的存在。事实上也是如此，连对鬼神抱着敬而远之态度的孔子也不敢完全否定鬼神的存在。

四是“问答通妨”，主要是回答王充对鬼神论的批评。王充在中国思想史上以“疾虚妄”著称，他对鬼神论提出批评：

"人且死见鬼，宜见数百千万，满堂盈廷，填塞巷路，不宜徒见一两人也！"[①] 宗密所说"外难曰：若人死为鬼，则古来之鬼，填塞巷路，合有见者，如何不尔"[②]，就是指的王充的这段话。宗密认为按照佛教的说法，人死之后灵魂的去处分为六条道路，即六道轮回，鬼只是其中的一途，人死后并不是都要成为鬼的；而且，通过轮回，六道中的其他各种灵魂也有机会再转生为人，所以人见到的鬼就很少了。宗密认为，仅仅用人天教的原理，就足以回应元气论者的设难了。

再述其三。所谓从心性论角度的分析，即批评元气论者的无性论。这里的"性"，其实是指"知"，即人的认识能力。佛教的本体都具有这种"性"的特征，称为真性、圆成实性等。而元气却没有这种特征，没有"知"的元气怎么能产生有"知"的人呢？此外，人的认识能力为什么又会有这么多的差异，为什么会有贤愚善恶等差异？这也是指斥元气论不能准确地说明人的认识的产生。

**4. 批评天命论**

天命论的基本观点认为人在社会中的一切都是由天和命运所决定的，人在天命面前完全是被动的，即所谓"贫富贵贱，贤愚善恶，吉凶祸福，皆由天命"[③]。孔子曾以上天在地上的代表自居，称"天生德于予"，又以天为最高主宰，"唯天为

① 《论衡·论死》。

② 《原人论》。

③ 同上。

大”。他平生有三畏，其中的一畏就是畏天命。他学生的名言“死生有命，富贵在天”①，可谓儒家天命观的代表。孟子也对天命有过断语：“莫之为而为之者，天也；莫之致而致之者，命也。”②《礼记》中又把天命称之为“性”。在先秦道家中，庄子也是讲天命的，他从天地之气生万物的角度来讲天命决定论，“天地者，万物之父母也，合则成体，散则成始”③。人只能服从天命的安排，“知其不可奈何而安之若命，德之至也”④。《列子》则把人的产生分属于天地之气，“精神者，天之分；骨骸者，地之分”⑤，两者合而成为人。

但宗密直接批判的，主要是唐代的天命论，特别是韩愈的天命论。韩愈作了一篇《天之说》，其观点现存于柳宗元的《天说》中。其中讲到，天是有意志的，能赏善罚恶，“有功者，受赏必大矣，其祸焉者，受罚亦大矣”。不过他所讲的天也是与元气相联系的，所谓为祸于天，是指破坏阴阳元气的种种行为，如垦原田、伐山林等。

宗密对天命论的批评分三层：一是责问天的不公，二是以死难生，三是指出天命论和实践的矛盾。

先述其一。责问天的不公，主要责问天赋命的不公和天赏

① 《论语·颜渊》。

② 《孟子·万章上》。

③ 《庄子·达生》。

④ 《庄子·人间世》。

⑤ 《列子·天瑞》。

罚的不公。赋命的不公表现为人世间贫富贵贱的不公，贫多而富少，贱多而贵少，祸多而福少，等等。如果这一切都是由天决定的，那么天为何要这么不公平呢？这种不公正的天，怎么能作为人的本原呢？赏罚的不公表现为："无行而贵，守行而贱，无德而富，有德而贫，逆吉义凶，仁夭暴寿，乃至有道者丧，无道者兴。"① 这些现实的社会问题，都是天命论难以解释清楚的。宗密指出，这种不公正的天命必然会把人导入一种"无恒"的境地，使人没有恒定的、可以矢志不渝地追求的价值理想；同时，天命的无法把握，最终会使人陷入宿命论。

次述其二。以死难生，是以人世间种种残酷的致死现象来否定儒家的"生生"原则。《易传》中有"生生之谓易"的观点，认为化育万物是天地间的大德，是天命的原则。宗密以生物界的弱肉强食、人类的战争、暴君的祸乱所带来的死亡来否定生生之道。既然万物和人类都是天命所决定的，天命为什么让万物互相残杀、人类相互祸乱呢？如果说"生生"是天地的大德，那么，死亡就可以说是天地的大贼了，而天命正是这样的大贼。

再述其三。儒、道两家一方面主张天命决定论，另一方面却又在违背天命。比如说，对人世间的一些不公正现象，圣人并不责问天命，却归结于人为原因，"圣人设教，责人不责天，罪物不罪命"②。残酷的桀也是受命于天的，他被称为暴

---

① 《原人论》。

② 同上。

君，跖则被责为盗，从天命的原则出发，应该责问天命才是合理的。

天命论是儒、道四种原人理论中最为粗疏的一种，机械论色彩很浓，在历史上就已经遭到过多次的批评。董仲舒的天人感应论在王充的批评后基本上失去了影响。唐代韩愈又宣扬天命论，遭到柳宗元和刘禹锡的批评，而柳、刘的批评基于元气论的立场，侧重于理论批判，宗密则侧重于社会批判。

### （二）对儒、道的融合

宗密批评儒、道的四种原人观，并不是要否定它们，只是说明它们不是完美的原人理论，不是最高层次的思想体系。儒、道的教化功能，宗密还是十分推崇的，他的批评原则是“破执不破教，破解不破行”①，“但破谬执万物生因，不责勤行五常道德”②。对于儒、道的教主，宗密并没有提出批评，反而认为他们同释迦牟尼一样都是最高的圣人，“孔老释迦，皆是至圣，随时应物，设教殊途，内外相资，共利群庶”③。他认为三教的教化目的都是一致的。这是宗密三教融合的基础，这种融合体现在以下几点。

其一，五戒和五常的融合。

五常是儒家的仁、义、礼、智、信五种纲常，道教五戒即

① 《圆觉经大疏钞》卷七之上。

② 《圆觉经大疏》卷中之一。

③ 《原人论》。

佛教的不杀生、不偷盗、不邪淫、不妄语、不饮酒五种基本戒规。宗密认为，这两者是完全可以融合的，“不杀是仁，不盗是义，不邪淫是礼，不妄语是信，不饮酒啖肉，神气清洁，益于智也”[①]。也就是说，不杀生戒与仁会通。仁是一种慈爱之心，“仁是愍物，博施恩慧，广济患难”[②]，而不杀生正体现了这样的精神，所以两者可以融合。不偷盗与义会通。义是一种行为准则，使人的行为有志有准，而不偷盗正是这样的行为准则的具体化。孔子有言：“不义而富且贵，于我如浮云。”[③] 既然不义之财都不可取，更何况偷盗之物呢？从这个意义上看，两者可以融合。不邪淫与礼会通，礼是一种社会秩序，用以“别尊卑，息讥嫌，分内外，禁诤乱”[④]。而邪淫是非礼之极，只要能做到不邪淫，其他礼法就都能遵行，因此可以说，这两者是可以融合的。不妄语与信会通。信是指遵守信用，而不妄语也正是表达的这个意思，故两者可以融合。不饮酒与智会通，智是指识达分明，头脑清醒，而不饮酒正是要保持这种精神状态，因而与智相通。

其二，乾之四德与佛之四德的融合。

这一点，宗密在《原人论》中没有具体讲到，但在《圆觉经大疏》的自序中讲述了。乾之四德，指元亨利贞，出自

① 《原人论》。

② 《圆觉经大疏钞》卷七之上。

③ 《论语·述而》。

④ 《圆觉经大疏钞》卷七之上。

《周易·乾卦》。宗密对这四德的解释，兼采《周易·乾卦》文言中的善嘉义正说和孔颖达的始通和正说。文言对四德的解释实际上与儒家的仁、礼、义、中有关。佛之四德实际上是指涅槃四德，指常乐我净，《大般涅槃经》中说："常乐我净，乃得名为大涅槃也。"① 常是指永恒性，乐是指欢乐无苦，我是指法身常在，净是指清净无烦恼。

关于这两种四德的融合，宗密没有一一比附，而是做了一个大致的概括。他以乾喻佛，认为两者相通：一方面，乾和佛在各自的体系中都是最高的本体，都有着相同的性质；另一方面，两种四德所要达到的价值目标是相同的。他说："元亨利贞，乾之四德也，始于一气；常乐我净，佛之四德也，本乎一心。专一气而致柔，修一心而成道。"② 致柔和成道都是他们共同的目的，这个"专气致柔"是老子的说法。宗密认为，在乾的四德问题上，儒、道两者是一致的，就如同他们在五常观上的一致。

其三，佛之孝和儒之孝的融合。

这一观点主要体现在宗密的《盂兰盆经疏》中，但其与《原人论》中的三教合一论也是相通的。

历来儒、道二教对佛教的批评，最主要的一点是关于礼教的批评，指斥佛教违背了儒家的礼制，特别是孝道。佛教方面

① 《大般涅槃经》卷二三。

② 《圆觉经大疏·本序》。

虽然百般解释自己和这种价值观并无冲突，但终究没有一个完整的理论说明，这一点到宗密才完成，宗密把孝看作是儒、佛皆宗的一个核心问题。不过对于儒、道所讲之孝，宗密并不认为其和佛教的孝完全相同，而是有同也有异。就其相同的一面来看，有“存没同”和“罪福同”。所谓“存没同”，是指不管父母在世或不在世，儒、佛两家致孝的原则是一致的，居则致敬，养则使乐，病则忧，丧则哀，祭则严。所谓“罪福同”，是指对是否守孝的奖惩原则是一致的，违戒犯过都要受到处罚，功德显彰都有善报之福，只是儒家讲天的赐赏，佛教讲善业之报。就其差别而言，则有居丧异、斋忌异、终身异等，总的精神是要证明佛教的孝道比儒家的孝更高级。

这里讲的三教合一，还只是教化方面的融合，宗密还要论述三教在原人理论方面的融合。这一点主要体现在宗密的判教中，下文将讨论此点。

## （三）对偏浅佛教的批评

儒、道二教未能原人，那么佛教的情形又如何呢？佛教也并不是都能原人的，只有最高级的一乘显性教才能原人，其他的教派都只是偏浅之教。因此，在批评了儒、道的原人观后，宗密又对偏浅佛教的原人观提出进一步批评。

### 1. 批评人天教

人天教在宗密的判教体系中居于儒、道教之上，但又是佛教内最低的一级，其基本理论是因果报应论。这一理论有业和轮回两个重要原理，业是中心概念，轮回则又涉及三世、三界、六道等内容。

人天教以业为人的本原。业是指人的行为，基本类型分为身、语、意三种，又分为别业和共业、引业和满业。从价值观角度分，则又有善业、恶业和无记业。善恶之业各有十种，称十恶业和十善业，十种业又各有上、中、下三类。

人天教认为，众生所造的业是决定其社会生活状况的直接原因，不同的业引起不同的果报，业为因，报为果。具体的报应情形，一般来讲，造上品十种恶业，死后转生于地狱道；造中品十恶业，死后转生于饿鬼道；造下品十恶业，死后转生于畜生道。修上品十善业，死后转生于六欲天；修中品十善业，死后转生于人道；修下品十善业，死后转生于阿修罗道。这就是六道轮回说。宗密在《原人论》中没有讲修中品十善和下品十善的果报，而讲修持五戒可转生于人道，修上品十善业，并修布施、持戒等大乘六度，可转生于六欲天，突出了大乘佛教的特色。修四禅定，可转生于四禅天，修四无色定，可转生于四无色天。“人”和“天”都是两种善的果报，所以称此教为“人天教”。

对人天教以业为人的本原，宗密的批评基于人造业和受报的主体：“既由造业受五道身，未审谁人造业，谁人受报？”[1]

---

① 《原人论》。

据此，宗密从四个方面逐层揭示其内在缺陷。首先批评人天教以身为造业和受报的主体。宗密认为，如果说人天教以人的肉体作为造业和受报的主体，那么“初死之人”，即刚刚死去的人，其肉体应该和活人的肉体一样，为什么不能造业了呢？宗密在这里提出了“初死之人”的说法，是因为历史上的唯物论者、无神论者范缜早就提出死人之质无知，形神相离，活人之质有知的观点。为了避开范缜的观点，宗密用了“初死之人”的说法。其实这“初死之人”也是没有意识活动的。其次，批评人天教以心为造业和受报的主体。如果说只有人的心，即精神现象才是造业和受报的主体，那么什么是心，是具有形状、大小的肉团心吗？这样的心处于身体之内，又如何与身体外部的感觉器官相联系？也就是说，心的指示如何能迅速地传给眼睛、耳朵等，使之造业呢？宗密将佛教所论的心分为四种，即肉团心、缘虑心、集起心和真心。他假设人天教的心是最低一层的肉团心，再以机械论的观点设难。在当时的科学知识条件下，这种设难也是很难回答的。第三，批评人天教以情为造业和受报的主体。前一层批评，可以看作是从心的性体方面设难，从性体方面设难有这样的困难，那么再来看看是否能以心的情感方面为造业和受报的主体呢？宗密说，作为主体者必须具有恒常的特性，人的喜怒哀乐等情感并不是永恒的，是乍生乍灭的，没有内在的自性，又怎么能作为主体呢？第四，批评以身心的统一体为造业和受报的主体。既然人的肉体和精神两方面都不能作为主体，那么身心的统一体是否就可以作为主体呢？宗密对此又设难，说要是这样的话，人死后这种身心的统一体已不存在，谁来造业受报呢？按照三报论，有一种后报要到后世才能报应。人天教认为，那时候人的精神又和新的轮回的肉体结合了，这样重新结合的统一体是主体。宗密说：哪里有现世的身心造业，而后世的身心受报的道理？如果是这样的话，现世修善业的人是多么委屈，而现世造恶业的人又是多么幸运，这样的原人观是多么“无道”。据此，宗密认为人天教以业作为人的本原，并没有真正探索到人的终极本原。

2. **批评小乘教**

人天教不能真正原人，那么比之稍高一级的小乘教是否能真正原人了呢？宗密也对小乘教进行了批评。

小乘教的理论可以用我空法有来概括。人天教以“我”为实有，而存在许多问题；小乘教把这个“我”看作是空，其对空的阐述，采用了分析致空法，把一个“我”分成多个“我”，再混淆各个部分的“我”和整体的“我”，以部分代替或等同于整体。于是就有这样的责难：一“我”怎么会成为多“我”呢？在“我”之中，究竟哪一“我”是实有的呢？具体地看，小乘教是这样分析空的：首先把一“我”分析为色的部分和心的部分，即肉体和精神，一“我”于是成为二“我”。再进一步分析色和心，色由地、水、风、火四大要素构成，心则有受、想、行、识四类，这样一我不就成了八“我”了？再仔细分的话，比如地这一要素，又由许多具体的部分构成，这样一“我”不就成了无数的“我”了？由于人们不了解“我”是由色、心两大要素在因缘的作用下虚假地组合起来的，不识此“我”的空性，而执之为实有，生起贪、嗔、痴三毒；三毒又引起三业，业成而有果报，从而导致人的生老病死、死而复生的轮回，世界的成住坏空、空而复成的循环。

宗密认为，小乘教是以色、心二法及贪、嗔、痴三毒为人的本原，人天教没有解决的造业和受报的主体问题，就是小乘教所说的色、心二法。

宗密对小乘教这一原人观的批评的基点是本原的无条件性和普遍性：“经生累世为身本者，自体须无间断。”[①] 就心而言，宗密认为，其中的识蕴所含的诸识中，眼、耳、鼻、舌、身五识的产生是需要内外条件的，外在的条件是外境，内在的条件是认识能力和认识器官。比如，眼识的产生必须依赖作为生理器官的眼睛和外界的光的存在，这叫“五识缺缘不起”。作为第六识的意识则是间断的，经常停止活动，比如在人睡觉时，在无想定的状态下，意识则会消失，这叫“意识有时不行”。色也是这样，在无色界中，色就是不存在的。没有四大色身的存在，怎么会造业呢？宗密据此断言，小乘教以色、心二法和贪、嗔、痴作为人的本原，也不能真正原人。

**3. 批评大乘法相教**

小乘教所讲的心，其实只有六识，大乘法相教则认为心识

---

① 《原人论》。

有八种，第八阿赖耶识才是人的本原，外境和色身都是识变现而成。那么如何变现？阿赖耶识内部存在着变现世界万法的种子，这些种子又分为三类：一类是先天存在的，是世界的真正源头；二类是先天的种子繁衍而来的；三类是受熏习而成的。种子的功能是变现万法，具体步骤有三：首先是种子本身的状态，这称为“初能变识”；接着，末那识执着于阿赖耶识中的这种种子为实我，产生的烦恼，即我痴（对事物无知，不明事理）、我见（以事理进行颠倒的推度，形成错误的认识）、我慢（傲慢自负）和我爱（沉湎于自我之中）四大烦恼，末那识就被称为“第二能变识”；最后，前六识也因为末那识的污染，而直接产生了具体的、具有不同特征的万事万法，这被称为“第三能变识”。

正因为世界万法是由种子变现的，万法本身没有内在的本质，没有自性，只是一种本性虚空的假有。但第六、七两识却由于无明的作用，将自身变现的事法视为实有，不能真正认清其本质。法相宗把这种错误的看法喻为患病和做梦，患病者由于心智受损，不能如实观察事法和人生，做梦者也是如此，以为梦中所见都是实有。

宗密对大乘法相教的批评基于大乘空宗的立场，从现象的虚妄推导出本原的虚妄：“所变之境既妄，能变之识岂真？”[1]既然阿赖耶识所变现的万法是虚妄不实的，那么这个能变者本

① 《原人论》。

身也应是虚妄的，不可能由虚而生实。大乘法相教证明法空识有时以梦为喻。宗密也指出能梦和所梦，即做梦的人和所梦之境，都是虚妄的。之所以说识也是空，这也可以从因缘的理论说明。识是假托众缘而成的，也没有自性，这样的识不可能真正成为人的本原。

**4. 批评大乘破相教**

在宗密看来大乘破相教已经通过曲折的方法开始显示真性的存在了，该教所破的，不但有人天教的我执，也有小乘教的法执，还有法相教对识的执着，宣示一切皆空之理。因此，此教以空为人的本原，“若约此原身，身元是空，空即是本”[①]。

一切皆空论所依据的原理是缘起性空论。一切事物的产生都有因缘，即条件性，因是主要条件，缘是次要条件。这种条件性，说明事物没有内在的自性为主宰，不能独立自存，是性空，空的意义其实也是指的这种条件性。

虽然性空，但又不否认事法作为假象而存在。对事法的完整理解应是性空假有，既要看到事法性空的一面，又要看到其假有的一面，这种理解被称为中道。宗密在《原人论》中叙述空宗的思想时，突出了一个“空”，把假和中的内容省略了。

既然一切皆空，那么为什么会产生万法差别的观念呢？人们关于事物存在的观点是如何产生的呢？宗密引《大乘起信

① 《原人论》。

论》的说法认为，万法因妄念而有，“一切诸法，唯依妄念而有差别，若离心念，即无一切境界之相”。

宗密对大乘破相教的批评有两点：一是指出一切皆空论在教化方面存在问题，二是认为虚妄之法应有实法为基础。

宗密责难一切皆空道：“若一切皆无，知无者谁?”[①] 大乘破相教一味破斥，连人的真正本原也否定掉了，那谁来认识这个空呢？这样的空又有什么实际意义呢？“知无者谁”一句，出自后秦姚兴，他在答安成侯姚嵩的上表时讲：“若无圣人，知无者谁?”[②] 他反对空掉一切的看法，认为这种观点是不近人情的。宗密借用此语是想表明，应该还有一个终极本体的存在，这个本体不应该是空。

一切皆空，万法虚妄，那么这些虚妄之法是如何产生的呢？“若都无实法，依何现诸虚妄?”[③] 宗密认为，一切事物的存在都有其本体。比如水是实法，依水而有虚妄之波；明镜是实法，明镜所显现的影像是虚妄的；做梦也是如此，站在破相教的立场上，可以指出能梦、所梦皆空，但没有能梦之人，何有所梦之境？宗密以此证明虚妄之相的背后都有实法的存在，这个实法就是本觉真心。

---

① 《原人论》。

② 《广弘明集》卷一八。

③ 《原人论》。

## （四）和会三教

宗密和会三教以一乘显性教为本教，以偏浅佛教和儒、道教为末教，从对偏浅佛教的批评中，逐层揭示出人的终极本质，最终至一乘显性教。

一乘显性教的理论核心是本觉真心。真心的特征有三：一是清净无染；二是本觉，本觉具有佛性的意义和觉悟的意义；三是本知，这个知是宗密从神会禅学中继承下来的，是真心的内在本质。

一切众生都有本觉真心，为什么还存在流浪、生死而不得成佛的情况？这是由于众生先天具有的烦恼和妄念覆盖了真心，使其难以显现，众生因而不能觉悟自心的佛性，执着于世界和人生为实有，造作种种善恶之业，受种种苦乐之报。众生的成佛之道就在于觉悟者对迷途中的众生开示其本有的佛性，众生一旦觉悟自心真性，便与佛无异。

因此，一乘显性教以真心为人的终极本原，认为真心是人的真正本质，也是宇宙和社会的真正本质。在宗密看来，对人的本原的探求，到这个真心才算是真正完成了。

宗密从这个本觉真心出发融合三教。他认为在承认真心为人的本原的前提下，前面所破斥的诸教都可以归结到这个本原上来，因而都是“正义”，都是对宇宙、社会和人生的正确看法，都是可以融合的。这种融合遵循着由深至浅、由本至末的次序。

第一阶段是本觉真心。这是融合的本体，真心不生不灭、不增不减、不变不易，众生从一开始就因为烦恼的缘故不能认识此心，此心被包藏在烦恼之中，因而被称为如来藏。

第二阶段是会通大乘破相教。破相教以空为人的本原，破斥各种生灭之相。如来藏能生一切法，能摄一切法，而如来藏所生之法，正是破相教要空掉的，如果如来藏心能够摄尽万法，不使生起，那么就是破相教所说的法空了；如果连隐覆真心的烦恼也消除，那么这个如来藏心就不存在了，也就是破相教所说的心空了。在这种意义上，破相教是合理的，可以融于真心。

第三阶段是会通大乘法相教。法相教以阿赖耶识为人的本原，阿赖耶识是在如来藏的基础上生成的，不生不灭的真心和有生有灭的特征相结合就构成阿赖耶识，“所谓不生灭真心与生灭妄想和合，非一非异，名为阿赖耶识”①。阿赖耶识有“觉”和“不觉”两种含义：如果阿赖耶识觉悟身的性质，那就会发动、生起外境，这就是静；如果不觉，就会起心动念，由静而动。如果又不能觉悟妄念的空寂性质，反而执着于其为实有，就会产生种种行为，使阿赖耶识成为能动之识，变现根、身、器界，所以就有阿赖耶识为人的本原的理论。

第四阶段是会通小乘教。小乘教主张人空法有，以色、身与心识为人的本原，其原因在于不懂得万事万法都由妄念所显

---

① 《原人论》。

现之理，执着于空幻的事法为实有，形成法执。

第五阶段是会通人天教。人天教以业为人的本原，这是源于我执。小乘教执着于事法为实有，在此基础上，就会产生区分内在的“我”和外在的境的观念，于是人天教就有了我执，不知“我”的存在只是身心假合的空幻之体。有了这种我执，就产生了为满足“我”的各种利益而形成的贪、嗔、痴三毒，在三毒的基础上进一步造作种种善恶行为，受相应的报应。做出杀人等恶业的众生，他们的心识就随着恶业而转生于各种恶道；行善业的，其心识就会随着善业而转生于人道。

第六阶段是会通儒、道教。儒、道教以元气、自然、天命、大道为人的本原，宗密对此一一加以会通。

众生行善业而转生人道，其过程是这样的：心识首先随着善业进入中阴，在母胎中禀受父母之气，十月怀胎而成人。从这个意义上，会通了元气本原论。

从业报论可知，人的善恶行为必然引起相应的报应，业满必受报，这种必然性是自然而然的。从业报的必然性来看，自然论是合理的，这就会通了自然本原论。

同样是从业报论出发，人前世的行为决定了其现世的社会生活状况，比如人在前世少年修善业而老来修恶业，那么其在现世必然少时富贵而老年受苦。如果要说天命，那么这种业报的必然性也就是天命，因此，从业报论的角度来看，天命论也是合理的，这就会通了天命论的原人观。

最初的阿赖耶识起心动念而生万法，实际上分为两个部分：一部分是心的生起方向，另一部分是外境的变化方向。心的部分，随善业进入母胎受气而形成人；外境的部分，则渐渐地从细至粗、由微而著地变化，最终形成天地万物。这个过程，宗密认为就是儒、道两家“始自太易，五重运转，乃至太极，太极生两仪”① 的大道生成过程。这样也就会通了大道生成论的原人观。

至此，宗密完成了三教合一的哲学分析，与前面所讲的三教在教化方面的融合，构成宗密三教合一论的两大内容。

## 四、《原人论》 的方法论渊源

《原人论》的思想方法，最突出的就是融合，批评是次要的，融合才是主要的。就佛学本身来探讨宗密融合论的方法论渊源，宗密讲到了华严方法论和《圆觉经》的影响，其实更深层的、更多的是《大乘起信论》的影响。就是华严宗师如法藏等，在创立华严方法论时，也是深受《大乘起信论》影响的。那么在这里讨论《原人论》的方法论渊源，就三方面来谈，一是《大乘起信论》的影响，二是华严方法论的影响，三是《圆觉经》的影响。

---

① 《原人论》。

### （一）《大乘起信论》对《原人论》的影响

《大乘起信论》首先把一心分为心真如门和心生灭门两类。真如门是体，不生不灭，也称如来藏；生灭门是相、是用，有生有灭。心真如门和万法之间是体用关系，心生灭门和万法之间，则具有直接生化的生成关系。心生灭门，其实就是指阿赖耶识，阿赖耶识具有“觉”与“不觉”两种特征。所谓“觉”，是指阿赖耶识派生净法，表现真心的功能，是心离妄念。所谓“不觉”，指不能觉知真心的本质，不能觉知妄念的生起。因觉而回归本体，因不觉而生起染法。就不觉而言，有三细六粗诸相产生：三细相是无明业相、能见相和境界相；六粗相是智相、相续相、执取相、计名字相、起业相、业系苦相。分别而论，无明业相是指依不觉而产生的最初的心动；能见相是指因心动而形成的人的认识能力；境界相是指因人的认识而产生的各种虚妄境界；智相是指在各种境界相的基础上形成的对境界的分别心，分别哪些是可爱的，哪些不可爱；相续相是指由于爱与不爱的选择，而产生的痛苦与快乐的不同感受，并由此生起的妄念；执取相是指由于念念相续不断，将痛苦和快乐的不同感受保持下来，形成执着；计名字相是指对表达这些境界的概念等又加以执着；起业相是指在这些虚妄的概念的基础上，造作种种行为；业系苦相是指因造业而承受的相应的报应。

在《原人论》中，宗密对诸教的判摄就是根据《大乘起信论》的上述结构。首先是一乘显性教，这是讲真心的，是最初的本原。真心不生不灭，但众生不知真心隐覆于妄念中，所以真心又叫如来藏。依据如来藏而有生灭心相，这实际上指的是心生灭门。不生不灭的真心和生灭妄想相结合，而有阿赖耶识。在融会大乘法相教时，宗密讨论了因阿赖耶识不觉的特征而产生的业相、能见相、境界相、智相、相续相。在会通小乘教时，继续讨论了执取相、计名字相。在会通人天教时，讨论了起业相。在会通儒、道教时，讨论了业系苦相。由此也可以这样说，宗密讲心真如门时，是一乘显性教；讲如来藏时，同时也是在讲大乘破相教；讲阿赖耶识因不觉而有三细相及六粗相中的前二粗相时，是指大乘法相教；讲次二粗相时，是指小乘教；讲再次一粗相时，是指人天教；讲最后一粗相时，是指儒、道教。宗密在此受《大乘起信论》的影响是十分明显的，许多用语都完全和《大乘起信论》无异。此外，像他的《禅源诸诠集都序》等作品也是深受《大乘起信论》影响的。

### （二）华严方法论对《原人论》的影响

宗密是华严宗人，因此《原人论》其实就是华严类作品，其方法论本身也是华严宗的。这里要明确的，实际上是华严宗特有的方法在《原人论》中的运用，这种方法就是融合，或者叫"无碍"。宗密正是感受到这种方法的奇妙，才皈依华严的。

华严宗的思想特色是法界论，即世界只是一个一真法界。

一真法界融摄世界，是通过四法界实现的，包括理法界、事法界、理事无碍法界和事事无碍法界。宗密规定一真法界直接等同于真心，“言一法界者，即无二真心”①。“一真者……直指本觉灵源也。”② 理法界，宗密规定为众生自心，或者叫本心，他说：“理法界也，原其实体，但是本心。”③ 按照澄观的说法，理法界中的“界”字有“性”的意义，指万法的本性，也就是本体，用宗密的话说，就是“原”。事法界，是现象的世界，澄观讲事法界之“界”有“分”的意义，“分”即分齐，指千差万别的事法。理事无碍法界是本体界和现象界融合的世界，这一点是对《原人论》产生影响的关键之处。

华严宗对这种理事融合的论述，大致包括相遍、相成、相害、相即、相非几个方面。理事相遍的“遍”是指普遍地存在，理和事都以对方的存在为前提，存在于对方之中。理在事中，理入事中，“一一事中，理皆全遍”④；事在理中，事入理中，“一尘不坏而遍法界”⑤。理事相成，指的是理和事互相依存，分别是对方存在的理由或前提。从理的角度看相成，是依理成事，如同有水方能有波；从事的角度看，则事能显理，如同明镜的存在必须通过影像来显现。理事相害，指理和事又分

① 《圆觉经大疏钞》卷三之上。

② 《圆觉经大疏》卷中之一。

③ 《注华严法界观门》。

④ 《圆觉经大疏》卷中之二。

⑤ 同上。

别是否定对方存在的因素，理能夺事，事能隐理。理事相即的“即”字有不相离的意义，也有是的意义。理不离事，理就是事，事不离理，事就是理。理事相非，是讨论理和事的不同特点，从而说明华严宗讲的融合不是取消理的本体特征。

事事无碍则是在理事无碍的基础上讲的现象界的和谐，对法藏来说，他的华严理论体系的最终目的就是要证明这一点，这一结论的社会意义要远远重于其理论意义。

对于《原人论》来说，其主要受理事无碍说，或者说体用无碍、权实无碍、了义教和不了义教无碍的影响。从体用的角度讲，一乘显性都是本教、是实教、是了义教，其余均为末、为权。宗密明确说：“二教惟权，佛兼权实。”① 二教指儒、道教。佛教内也有权实之分，自然一乘显性教是实，是了义教，其余诸教是权，是佛不了义教。宗密要会通本末，就是要将本教和诸末教融合起来，将实教和诸权教融合起来，将了义教和诸不了义教融合起来，体现的就是理事无碍的方法。

### （三）《圆觉经》对《原人论》的影响

按照屏山居士的说法，《原人论》就是对《圆觉经大疏》和《圆觉经大疏钞》的简略化，是发挥《圆觉经》大义的，自然深受此经的影响。

《圆觉经》的核心概念是圆觉。圆觉，就其狭义来看，是

---

① 《原人论》。

指“满足周备，虚明灵照”。宗密曾给圆觉下过一个定义：“圆者，满足周备，此外更无一法；觉者，虚明灵照，无诸分别念想。”[①] 圆是指万法的本体普遍地、圆满地、完备地具足一切法，无一遗漏；在圆觉之外，没有一法能独立存在，又无一不从圆觉中流出。觉则是指众生心中的寂知，宗密说：“心寂而知，目之圆觉。”[②] 所谓虚明，就指的是空寂、“灵照”，即是知。这种对圆觉的理解继承了荷泽神会对心的看法。

圆觉一方面对宗密阐述一乘显性教的真心产生影响，另一方面也对融合的方法论产生影响。就后一种影响而言，涉及圆觉的平等和圆合特性。

《圆觉经》称圆觉为“觉性平等”，平等的意义是万法都依同一觉性而生，都无本质区别，这就类似于华严的事事无碍。经中列出十种平等，包括得念与失念平等、成法与破法平等、智慧与愚痴平等、菩萨与外道平等、无明与真如平等、戒定慧与淫怒痴平等、众生与国士平等、地狱与天宫平等、有性与无性平等、烦恼与解脱平等，并以此十类泛指一切平等。因为这种平等，世界万法能圆融无碍。

《圆觉经》也直接明言圆觉的融合特性，“若诸菩萨以圆觉慧圆合一切，于诸性相，无离觉性，此菩萨者，名为圆修三种自性清净随顺”。宗密解释“圆合”为“圆融和合”，“圆

---

① 《圆觉经大疏》卷上之二。

② 《圆觉经大疏·本序》。

融和合一切事理、性相、真妄、色空等类，举体相应，是为圆合”①。这种融合方法在《原人论》中得到具体运用。

## 五、《原人论》的历史影响

《原人论》的历史影响可分为两个方面：一是对中国佛学的影响，二是对中国哲学的影响，现分别叙述。

### （一）《原人论》对中国佛学的影响

裴休和李纯甫先后为《原人论》作序，万松行秀对《原人论》也作过研究。据《华严原人论解》的序记载，万松老人对《原人论》“开九对十八重，以赞其说”。为《原人论》作注解的作品，现存的就有三种：一是宋僧净源的《原人论发微录》，二是元僧圆觉的《原人论解》，三是明代居士杨嘉祚的《原人论合解》。这些都说明《原人论》在中国佛教界受到重视。

就思想影响而言，《原人论》的影响主要体现在三教合一论上，宗密的三教合一论直接影响了后世佛教融合的发展方向。宗密在中国佛教发展到顶峰时，以敏锐的眼光，指出中国

① 《圆觉经大疏》卷下之一。

佛教今后的发展战略就是融合，主张三教融合、禅教融合、禅宗内部的顿渐融合。而这一点，处于中唐佛教鼎盛阶段的佛教界人士是难以认同的，所以宗密的影响不在唐代，而始于五代，盛于宋代。虽然宋代有许多禅僧从禅学的角度批评宗密，但也有一些人，特别是佛教界的有识之士，对宗密的态度十分温和。因为自中唐以后，中国佛教的义学创新从某种程度上讲已开始由盛转衰，如何发展中国佛教已是不可回避的问题，这时，就有人想到了宗密的方案。首先具体地讨论中国佛教发展战略的是永明延寿。延寿是五代、北宋之际的法严宗僧人，清凉文益的再传弟子，他在学术上的最大贡献是编纂了一部百卷本的《宗镜录》。其中主要发挥了宗密的禅教合一思想，这可以说是受宗密《禅源诸诠集都序》的影响。同时，延寿也是主张三教合一的，他也认为三教有本末之分，佛教是本体之教，而儒、道二教是末教，属于较低级的，因为二教并不能体察到法界的真谛，他说“二教并未逾俗柱，犹局尘笼，岂能洞法界之玄宗，运无边之妙行乎？”[1] 所谓法界，也就是宗密讲的真心。但是二教仍有其合理性，同佛教一样，二教也以法界为本，从同以法界为基础的特性来看，三教是可以融合的，“三教虽殊，若法界收之，则无别原矣”[2]。

大慧宗杲虽然对宗密的“知”有过猛烈的抨击，但他并

① 《万善同归集》卷六。

② 《宗镜录》卷三三。

不反对三教合一的观点，其《宗门武库》讲了这样一个故事：有一位无尽居士，逢道士则劝读《金刚经》，遇僧人则劝读《老子》，使僧、道相互了知。这一故事，宗杲是带着欣赏的笔调去描述的。

延寿之后，融合就成为中国佛教的主要特征。就三教合一这一点而论，着重加以阐述的还有明教契嵩。契嵩倡三教合一最力，他认为，三教之所以能融合，主要在于三教都有共同的社会功能，即“皆欲人为善”[①]。这和宗密关于三教共利群庶的说法是一致的。契嵩着重讨论了佛教的孝道，这一点要比宗密更详尽。憨山德清对三教合一也有其独特的看法，他认为，三教只有形式上的不同，佛教表现为出世，儒教表现为入世，道教表现为避世，但一个完整的社会，一个完善的人格，就必须三教兼备，“缺一则偏，缺二则隘，三者无而称人者，则肖之而已”[②]。三教的融合，在紫柏真可看来，都是融于一心，“佛不得我心，不能说法，伯阳不得我心，二篇奚作？仲尼不得我心，则不能集大成”[③]。这种观点，从其渊源来看，也是和宗密，特别是和其《原人论》有关的。

## (二)《原人论》 对中国哲学的影响

从中国哲学的角度来看《原人论》，其影响也应该引起重

① 《辅教篇·广原教》。

② 《憨山大师梦游全集》卷三九。

③ 《紫柏别集》卷一。

视。关于宗密在中国哲学史上的地位，胡适曾给以很高的评价，他把宗密归为第一流哲学家之列，“中世时期，自东晋到北宋的几百年间，此时凡第一流的中国思想家，包括智觊、玄奘、宗密、窥基。而韩愈、李翱等，只是第二流以下的”[①]。宗密对中国哲学的影响，其实主要就是对宋明理学的影响，冯友兰对这种影响有过集中的论述。他从《原人论》中关于心气关系的一段话“所禀之气，展转推本，即混一之元气也；所起之心，展转穷源，即真一之灵心也”得出这样的结论：“就其此论观之，则宗密不啻上为以前佛学，作一结算；下为以后道学，立一先声。盖宋明道学出现前之准备，已渐趋完成矣。”[②] 冯先生此说的理由是：宗密在这里讲心和元气的对立，元气由心产生，程朱的理气对立就在这里发展起来了；宗密讲一切唯心，那么陆王一派的宇宙即是吾心，即从这里发展。宗密对理学影响的主要之处，冯先生已经指出来了。

宗密在《原人论》中对儒、道二教的基本观点都作了分析批评，特别针对儒、道比较薄弱的认识论和社会历史观。对此，儒教方面不能没有反应，而这种反应，也反映了宗密的影响。

影响之一：激发理学本体论的建立和完善。

① 胡适：《中国哲学史大纲》，《胡适哲学思想资料选》上，华东师范大学出版社 1981 年版。

② 冯友兰：《中国哲学史》，《三松堂全集》第三卷，河南人民出版社 1989 年版。

宋明理学中的气本论、理本论和心本论，都和宗密的真心本体论有着很大的关系。佛教哲学中严密的本体论是其特色之一，如此众多的佛教大德，为何只言宗密对理学的影响？原因之一就是，在如此众多的大德中，也只有宗密对儒、道提出了如此系统的批评。

气本论以张载为代表，以元气为世界的终极本原。他对佛教和道教也提出了批评，就其对佛教的批评而言，其实也是对宗密批评儒教的一个回击。宗密批评儒教的元气论不懂得事物产生的因缘。张载认为，佛教的因缘论恰恰是不知天命的，不了解世界的客观规律："释氏不知天命，而以心法起灭天地，以小缘大，以末缘本，其不能穷而谓之幻妄，真所谓疑冰者欤！"[①]"以小缘大"，是指以心之小缘生世界之大，这样来理解心，是带有机械论色彩的。他所指的心，在宗密的体系里，只是指最低一级的肉团心、心脏，但张载却是在证明与宗密的真心本体论截然相反的一种本体论，这就是元气本体论。宗密所推崇的理或真心，在张载的体系中，不过是元气的运行规律而已，是依于元气而有的。这一本体论，经王廷相到王夫之，一直是理学中的一个重要流派。

朱熹的本体论是理本论，他的理很大程度上是一种客观本体，尽管在其晚期思想中有将其主观化的倾向，但作为客观的本体，应该说受到了法藏的影响。朱熹的理气关系论，其理论

① 《正蒙·大心篇》。

模式完全是华严宗的理事关系论，又与宗密有很大关系。这表现在，朱熹以理为终极本体，理又通过元气为万物的直接生化者，这是理—气—物的模式。这一点正是宗密所强调的真心（即理）—元气—万法模式。理或心和万物之间是间接的体用关系，元气和万物之间则是直接的生成关系，宗密明确说："心外的无别法，元气亦从心之所变。"① 这种影响，也正是冯先生所强调的。理和元气在朱熹那里既可以表述为生成关系，也可以表述为体用关系。从生成的关系看，理和气是有先后之分的，理在前，气在后；而从体用关系看，则理气本无先后可言，本末融合，没有截然不同的区别，没有无气之理，也没有无理之气。这一层意思，在《原人论》中虽没有明示，但在《圆觉经大疏钞》中却是很明确的，"当知唯有圆觉是最先之义"②。但是从体用而论，"本末无碍，真妄融通，则无先无后"③。

陆九渊和王阳明的心学，则直接受到宗密的真心本体论的影响。朱熹以客观精神来规定理，和法藏一样，他也在思想体系中遇到无法解决的矛盾。而陆九渊直接把心等同于理，认为心即理，走上了与朱熹不同的另一条道路，即主观唯心的道路。陆九渊的这一立场和宗密是完全一致的。宗密明确说过，四法界中的理法界也是指自心，一真法界就是指自心，这样就

① 《原人论》。

② 《圆觉经大疏钞》卷四之上。

③ 同上。

有了心外无法的观点。王阳明则继承了这一点。

影响之二：激发理学认识论的深化。

这一点，是就王廷相的认识论思想而言的。宗密在批评儒、道时，曾从婴儿认识发生的角度立论，批评儒、道不知前世。王廷相认为，认识是人对事物的一种反映，人不和外界的事物接触，就不可能产生认识，婴儿的认识也是如此，“使婴儿孩提之时，即闭之幽室，不接物焉，长而出之，则日用之物不能辩矣”①。宗密以婴儿的爱恶骄恣来论证人的认识能力的先天性。在王廷相看来，宗密所指的婴儿的爱恶骄恣之类，只是人的天性之知，即现代术语所指的遗传本能。比如胎儿在母腹时能吮吸，出生后能视、能听，都是本能。而认识论中要讨论的是人道之知，即对社会、人生、自然等的认识，这种认识是从社会实践中产生的，是“因习而知，因悟而知，因过而知，因疑而知”②。这从认识论角度回应了宗密的批评。

影响之三：知的影响。

在谈到一乘显性教时，宗密以本觉论真心，以昭昭不昧、了了常知论真心，这就赋予真心以知的特性。在其他作品中，宗密还明确分析了知是真心的本质，是心的自性体。这一点影响到心学一派，特别是王阳明。宗密把知引入心性论，突破了中国哲学以善恶论心的传统，强调心具有认识善恶的先天能

---

① 《雅述》上篇。

② 同上。

力。朱熹也讲人心固有知，“盖人心之灵，莫不有知”[①]。他认为的知是“虚灵觉知”[②]。这种表达完全是宗密式的。王阳明则进一步提出了良知说，特别强调知是心的本体，这就和宗密完全一致了。

最后要简单提到的一点是，宗密对理学的影响不是一般的逻辑影响，而是直接的影响。理学家大多出入于佛老，有些理学家直接阅读了宗密的作品。比如毛奇龄说周敦颐的《太极图说》“全是密语”[③]。程颐和其学生习《华严经》，但所读并不是《六十华严》之类的原典，而是华严宗人的作品。他的学生说：“某尝读《华严经》，第一真空绝相观，第二理事无碍观，第三事事无碍观。”[④] 这实际是署名杜顺的《华严法界观门》，而且很可能是澄观或宗密的注解本。《释门正统》引杨时的话说：“《西铭》会古人用心要处为文，正如杜顺和尚作《法界观》样。”[⑤] 而这里所提到的《法界观》，很可能也是澄观或宗密的注释本。可以明确朱熹读过宗密作品的证据之一是，他在讲知时，曾说宗密也是讲这个知的[⑥]。这种直接影响更说明了宗密重要的历史地位。

---

① 《四书集注》。
② 同上。
③ 《太极图说遗义》。
④ 《二程集》卷一八。
⑤ 《释门正统》卷八。
⑥ 《朱子语类》卷六八。

本书的底本是日本新纂《续藏经》中的《原人论发微录》，这是目前所知的最早的一个本子，与后起的诸本并无多大的差异，个别的地方参校《原人论解》本、《大正藏》本（明本）以及同治十三年（1874）鸡园刻经处本等。

原文中宗密以双行小字作注，今改为单行小字，在译文中则用加圆括号的方式来处理。

# 原人论并序

终南山草堂寺圭峰兰若沙门宗密述

【提 要】

原人之“原”，乃本原之原，终极原因之原。人有其终极本原。对原人问题的讨论，宗密利用比较法，从世俗认为的较低级的生命类型和事物入手。那些低等的有情生命和无情之物的产生都有其终极原因，何况像人类这样的最高等生命，怎么会没有终极原因呢？从而揭示了“原人”的主题。

【原 文】

万灵蠢蠢[1]，皆有其本[2]，万物芸芸[3]，各归其根[4]，未有无根本而有枝末者也[5]，况三才之中唯人最灵[6]，而岂无本源乎？

【注 释】

[1] 万灵：这里指各种有生命（或有情）的低等生物，像羽毛类、鳞甲类、昆虫类等，总括佛教所说的卵生、胎生、湿生和化生等。蠢蠢：蠢，是指蠢动、出动，昆虫遇冬则蛰，逢春而动。

[2] 本：指本原，根本，终极原因。

[3] 万物：相对于含灵的低等生命类型而言，这是指无情之物，如百谷草木、山河大地等。芸芸：众多、繁茂的意思。

[4] 根：与“本”义相同，也是指根本，终极原因。此句出自《老子》十六章“夫物芸芸，复归其根，归根曰静，静曰复命”，取意物各有根，有根而能枝叶繁茂。

[5] 枝末：相对于根、本而言，乃指事物的现象以根、本为存在的依据。

[6] 三才：指天、地、人三者。才指才能，天有运动之才，地有生成之才，人有鉴虑之才。

【译文】

千千万万种有情生命，都有各自的本原，千千万万种无情物体，都将归于它们的本根，从来不存在没有根基、没有本原而只有现象者。况且，在天、地、人三才之中，人是最具有灵性的，而能没有本原吗？

【提要】

此段强调原人的重要性。原人，就是要知道自身从何而来，探究前世的业因，知道自己在现世和未来世中的状况。如此原自身之后，才能知他人，洞达社会、人生的种种现象及其本质。

【原文】

且知人者智，自知者明[1]，今我禀得人身[2]，而不自知所从来[3]，曷能知他世所趣乎[4]？曷能知天下古今之人事乎[5]？

【注释】

[1] 此句出自《老子》三十三章。知人：认识他人，认识社会的本原，这需要智慧。自知：认识自己，认识自身的本原，这需要灵明。灵明的功用超于智慧之上，智慧会

有所不明，灵明则无所不照。知人为末，自知为本。由此也说明，认识自己的本性是最为重要的。

［2］我：佛教以五蕴的假合为我。禀：禀受。

［3］所从来：指佛教三世说中的前世，即所谓的“我”是前世所禀。

［4］曷：如何，怎么能。他世：指佛教三世说中的来世。趣：向。

［5］天下古今：暗指佛教三世说中的现在世。天下是从横向的空间角度论现世，古今是从纵向的时间角度论现世。人事：即认识和了解人的本质之事。

【译 文】

认识他人，要依靠智慧；而认识自身，要靠灵明之性。我如今身为人，却不知道我自己是从哪里来的，又怎么能知道来世的我要向什么地方去呢？又怎么能知道古往今来的各种世事的本质呢？

【提 要】

宗密为了探求本原和本质，进行了长期不懈的努力，由儒而佛，旁通诸子百家；又由佛教之禅宗而改宗华严，遍探群典，遍访名师，最终在清凉澄观那里悟得心要，自谓得人之原。这一段学问经历，在宗密的《遥禀清凉国师书》中有完整的回顾。

【原 文】

**故数十年中，学无常师，博考内外[1]，以原自身[2]，原之不已，果得其本。**

【注 释】

［1］内外：佛教称自身为“内”，以佛教典籍为“内典”，而称佛教之外的一切思想流派为“外”，以其典籍为“外书”。

［2］原：探究本原。

【译 文】

所以，几十年来我学无常师，广泛研究佛教内外的各种典籍，探讨我自己产生的原因。经过坚持不懈的探究，我终于悟到了这个道理。

【提 要】

这是对儒、道两家的原人理论提出的扼要批评。根据宗密的分析，儒、道两家的原人理论有四种：元气论、大道论、自然论和天命论。这里简要地批评其元气为本论。

【原 文】

然今习儒、道者[1]，只知近则乃祖乃父[2]，传体相续，受得此身，远则混沌一气，剖为阴阳之二，二生天、地、人三，三生万物[3]，万物与人，皆气为本。

【注 释】

[1] 儒、道：儒指儒家，宗密有时亦称其为周孔之学，即以周公和孔子为儒学的代表。道指道家，宗密有时也称老庄之学。

[2] 近：人存在的最直接或最浅层的原因。乃祖乃父：人的产生是由父传子、子传孙代代相传。

[3]《老子》四十二章有“道生一，一生二，二生三，三生万物”之语。远：人存在的终极原因。混沌：对元气本来状态的描述。世界都源于气，而元气之最初的情形，就是这样一个整体。剖：剖判，分化，演进。阴阳：未分的元气分化而成的两种基本物质要素。三：阴阳二气进一步分化后的结果，指天、地、人三者。阳气轻清而上升，阴气重浊而下沉，上升者形成天，下沉者形成地。二气和合，人生其中。三生万物：三才备而万物乃生。

【译 文】

然而，如今那些修习儒家之学和道家之学的人，他们对人的本原的了解，从近处说，只知道他们是由祖父、父亲这样一代一代传承下来的，才有自己这个肉身的存在；从远处说，混沌之气分为阴阳二气，阴阳二气又化生为天、地、人三才，三才再化生为万事万物。因此，不管是人还是万事万物，都是以气为本原的。

【提 要】

对佛教中的偏浅之教，包括人天因果教、小乘教和大乘法相教等提出扼要的批评。指出从以业为人的本原到以阿赖耶识为人的本原，都没有真正揭示出人的本质。

【原 文】

习佛法者[1]，但云近则前生造业[2]，随业受报，得此人身，远则业又从惑[3]，展转乃至阿赖耶识[4]，为身根本。

【注 释】

［1］佛法：佛教之法，言佛法多从思想方面着眼。

［2］业：梵文 karma 的意译，音译为“羯磨”，指人的造作，泛指一切身心活动，一般分为身、口、意三种。

［3］惑：原作“感”字，《大正藏》所收明本、鸡园刻经处本等均作“惑”字，今据改之。

[4] 展转：偏浅佛教对人的本原的看法层层深入，人天因果教以业为人的本原，小乘教以色、心二法，以及贪、嗔、痴为人的本原，大乘法相教以阿赖耶识为人的本原。阿赖耶识：梵文 ālayavijñāna 的音译，意译为“无没识”，即执持诸法种子而不失。也称为“藏识”，即含藏诸法种子，是印度佛教瑜伽行派和中国佛教法相宗所立八识中的第八识。

【译 文】

有些修习佛法的人，他们对人的本原的了解，从近处讲，只知前世造了各种业，受这些业的报应，而有“我”我现在这个人的存在；从远处说，前世之所以会造业，是因为心中有错误的认识，而这些错误的认识又是如何产生的呢？他们一层一层往上追究，一直追究到阿赖耶识，这个阿赖耶识才是人的本原。

【提 要】

儒、道二教和佛教中的偏浅之教，都没有真正探求到人的本原。这是宗密体系中“非”的部分，即批评的部分。

【原 文】

**皆为已穷其理[1]，而实未也。**

【注释】

[1] 穷：穷究至终极处。其理：《大正藏》所收明本、鸡园刻经处本无此二字。

【译文】

他们认为，元气或阿赖耶识就已经是人的终极本原了，其实并非如此。

【提要】

儒、道二教又有合理的成分，二教教主同佛教教主一样，都是最高的圣人。他们设立的不同教化，对社会、人生都有益处，又都推究事物的本原。这是宗密体系中“是”的部分，即融合的部分。

【原文】

然孔、老、释迦[1]，皆是至圣[2]，随时应物[3]，设教殊途，内外相资[4]，共利群庶[5]。策勋万行[6]，明因果始终；推究万法，彰生起本末。

【注释】

[1] 孔：指孔子，儒学的创始人。老：指老子，道家的创始

人。释迦：佛教的创始人。

［2］至圣：最高的圣人。

［3］随时应物：根据不同条件而设不同的教化。设教殊途：三圣设立各自的教化，内容、方法都有所不同：孔子设教，删《诗》《书》，定《礼》《乐》，修《春秋》，赞易道，以六经训世；老子设教，见素抱朴，少思寡欲，绝灭礼乐，以《道德经》训世；释迦设教，则辨性相，判权实，以十二分教训世及出世众生。

［4］相资：互相资助，互相促进。

［5］群庶：指芸芸众生。

［6］策劝：警策，劝行。“劝”字，后世诸本作“勤”。万行：各种理论和修行方法。

【译 文】

不过，孔子、老子和释迦牟尼都是最高的圣人，他们在不同的条件下，创立了不同的教派。作为内教的佛教和作为外教的儒教与道教，互相配合，给民众带来利益，激励人们修习各种善法，都能探求事情的前因后果、前始后终，探索事物如何生成以及事物的本始和末终。

【提 要】

在肯定儒、道二教应有价值的前提下，又指出三教中有权实之分。儒、道二教为权，佛教内也有权实，但即使是佛教中的权教也要比儒、道二教高级。儒、道二教的价值在于它们对人的教化作用，但要穷究人的本质，则最终还是要依靠佛教中的实教。这是宗密判教观的简明表述。

【原 文】

**虽皆圣教，而有实有权[1]。二教唯权，佛兼权实[2]。策万行，惩恶劝善，同归于治，则三教皆可遵行；推万法[3]，穷理尽性[4]，至于本源[5]，则佛教方为决了。**

【注 释】

[1] 有实有权：《华严原人论合解》本作“有权有实”。权，指权假，权宜。实，指终极性的东西。

[2] 佛兼权实：佛教内部既有权教，也有实教，人天教、小乘教、大乘法相教、大乘破相教四教均为权教，一乘显性教方为实教。

[3] 推：指寻求本质。万法：指色法、心法等入世法和出世法。穷：指推究根源。

[4] 理：道理，佛教指真理。尽：指竭其蕴底。性：作法性解，即事物的本性；作心性解，即人的本性。

[5] 本源：终极本性，最初的根源。

【译 文】

虽然三教都体现了圣人之意，但还是有权宜施设之教和终极本体之教的区别。儒、道二教只是权宜之教，佛教内部则既有权宜之教，也有终极的本体之教。就激励人修习各种善法，惩戒各种恶行，劝导人行善，使社会稳定安宁的功能来看，儒、道、佛三教都可以达到。但如果要穷究真理，深入法性，知晓万事万法的终极本性或最初的根源，那么只有佛教才能做到。

【提 要】

宗密上述的判教，乃三教圆融之论。但当时的三教中人都各执自教，儒者唯儒，道者唯道，佛者唯佛，还常起争论。如果不从融合的角度来论人的本原，就不能真正探究到人的本原。这强调了三教合一的重要性。

【原 文】

**然当今学士，各执一宗[1]，就师佛者[2]，仍迷实义[3]，故于天地人物，不能原其至源[4]。**

【注 释】

［1］各执一宗：儒、道二教各以自宗为至极之教，而不与其他诸宗融合。

［2］师佛：信奉佛教。

［3］仍迷实义：佛教方面也执着于佛教中的权浅之教，不知

实教，且不与儒、道二教和会。

［4］其：原作“之”字，今依鸡园刻经处本改。至源：终极的本原。

【译 文】

但是，如今信奉并修习儒、道、佛三教的人，都执着于自己所信奉的某一家。那些信奉佛教的人，不知道什么是佛教中的终极本体之教，不知将佛教和儒、道二家融合，因此，也就不能探索到天、地、人、物等各种不同的对象真正的、最深层的本质。

【提 要】

宗密判教的方法是，分析出三教的本末权实，有破斥，有会通，从浅到深地节节破斥，而最终显示真性为人的本原，再以真性为本层层会通权浅之教。这是华严宗理事圆融方法论的具体运用，所以《原人论》也叫《华严原人论》。

【原 文】

余今还依内外教理，推穷万法，初从浅至深[1]，于习权教者，斥滞令通[2]，而极其本[3]，后依了教[4]，显示展转生起之义[5]，会偏令圆[6]，而至于末。末即天地人物。文有四篇，名《原人》也：《斥迷执第一》[7]、习儒道者。《斥偏浅第二》[8]、习佛不了义教者。《直显真源第三》[9]、习了义实教。《会通本末第四》[10]。会前所斥，同归一源，皆为正义。

【注 释】

[1] 从浅至深：从权浅之教依次深入至了义实教，即从人天教、小乘教、大乘法相教、大乘破相教而至一乘显性教。

[2] 斥滞令通：破斥权教中的执着，显示了义教的真性。指《原人论》中的《斥迷执第一》《斥偏浅第二》两节。

[3] 极其本：达到了义教中的真性，指《直显真源第三》一节。

[4] 了教：指宗密所判的一乘显性教。

[5] 展转生起：由一乘显性教的真性缘起万法，其中有种种层次变化。

[6] 会偏令圆：会通各偏浅之权教，使它们都至圆满。这是指《原人论》中的《会通本末第四》一节。

[7] 迷执：指儒、道二教执着于以大道为本、自然为本、元气为本、天命为本，而不知真性，是为迷。

[8] 偏浅：佛教中的人天教、小乘教、大乘法相教、大乘破相教，也都不知真性，是为有偏，为浅教。

[9] 直显真源：一乘显性教直接显示真性是人的终极本原，被宗密称为佛教中的了义教，是本体之教。

[10] 会通本末：以本教会通各末教，在确认本教的前提下，

承认各末教也都有其合理性。

【译 文】

针对这种三教分离的状况，我依据三教的思想，对事物的本原加以研究，先从浅显之教逐渐深入到比较高深的教法。对那些信奉并执着于权宜之儒、道教和佛教中权浅之教的人，我批评他们的执着，使他们能通达更高层次的教法，一直达到佛教中的终极本体之教，从而能穷究人的真正本原。然后，我再根据这种终极本体之教，揭示出其他各种权宜之教是如何产生的，指出它们的不同层次，把它们融合在了义实教之中，使它们都能在融合的体系中达到圆通的境界。这样一直把权宜之教中最末端的一个教派都融合在我这个三教合一的体系中（所谓末端，也指由作为本原的真性所缘起的天、地、人、物等），就构成了我现在这篇文章的基本内容。本文共分四个部分，总题为《原人论》，分别是：

第一，破斥痴迷执着（即批评信奉儒、道二教的人）；

第二，破斥偏执浅陋（即批评信奉佛教中非终极之义的权教的人）；

第三，直接显示真性本原（即显示佛教中终极了义教的思想）；

第四，会通本体之教和枝末之教（即会通前文所批评的各种教法，让它们在真性本原的基础上进行融合，从而使它们都具有正确的意义）。

【原 文】

## 一、斥迷执第一习儒道者[1]

【译 文】

## 第一、破斥痴迷执着

（即批评信奉儒、道二教的人）

【提 要】

宗密首先列出了儒、道二家的四种原人理论，即大道生成论、自然为本论、元气本体论、天命为本论。

【原 文】

儒、道二教，说人畜等类皆是虚无大道生成养育[2]，谓道法自然[3]，生于元气[4]，元气生天地[5]，天地生万物[6]。故愚智贵贱，贫富苦乐，皆禀于天，由于时命[7]，故死后却归天地[8]，复其虚无[9]。

【注 释】

[1] 习儒道者：原本中无“习儒道者”四字，今依《大正藏》所收明本、鸡园刻经处本等补。

[2] 虚无大道：指儒、道二家以道为人的本原。道的基本特

点是虚无。关于道本论，老子说："有物混成，先天地生，寂兮寥兮，独立而不改，周行而不殆，可以为天下母，吾不知其名，强字之曰道。"（《老子》二十五章）关于儒家的道本论，宗密认为《易传》中讲的太极其实就是指的道。

[3] 道法自然：指儒、道二家的自然为人的本原的理论。自然论其实主要是道家的观点，老子有"人法地，地法天，天法道，道法自然"（《老子》二十五章）之语。关于儒家的自然论，宗密批评了王充的看法，实际上王充的思想是倾向于黄老的，他自称"虽违儒家之说，合黄老之义"（《论衡·自然》）。

[4] 生于元气：指儒、道二家的元气本体论。关于元气，儒、道二家都有很多的论述，宗密把它们的观点概括为："万物唯气，离气无物，禀神于天，受形于地。故形神者，粗妙之质，粗妙者，清浊之气，散则反至本，聚则成于物，聚散虽异，而其气一焉。"（《圆觉经大疏钞》卷九之下）

[5] 元气生天地：在道家有老子的"一生二"说，一即混沌未分的元气，二即天和地。在儒家有太极生两仪说，两仪即阴阳，或天地。

[6] 天地生万物：在道家有老子的"二生三，三生万物"之说，天地相互作用，加上人的作用，就有万物的产生。在儒家有"两仪生四象，四象生八卦"之说，八卦相荡

而万物生。

[7] 皆禀于天，由于时命：指儒、道两家的天命决定论。天命是主宰，有时也把天和命分为两者，儒家有“死生有命，富贵在天”（《论语·颜渊》）之说，道家有“精神者，天之分；骨骸者，地之分”（《列子·天瑞》）之说。

[8] 归天地：儒、道二教的天命论认为人从天地之间产生，死后又复归于天地，魂气归于天，骨肉归于地。复其虚无：虚无指儒、道所说的人的本原，人死后又回归到本原。

## 【译 文】

儒、道二教认为人和畜生等生命，都是由具有虚无性的道所产生并养育生长的；认为道是以自然为准则的；又认为万物都是从元气中产生出来的，元气产生天和地，天和地再进一步化生出具体的事物；又认为不论是聪慧还是愚笨，不论是高贵还是低贱，不论是贫穷还是富足，不论是痛苦还是快乐，都是天和命运所决定的。人死后还是会回归天和地，重新回到虚无的境界。

## 【提 要】

宗密扼要地指出了儒、道两家的原人观不知人的终极本质的缺陷，因此他们只是权教，但是人却执着于此，将其视为了义实教，这就阻碍了对人真正本质的探讨，因而有必要提出进一步的批评。宗密的批评，多集中于社会历史领域，也涉及认识论领域，而这些方面正是儒、道两家理论的薄弱之处。

【原 文】

然外教宗旨[1]，但在乎依身立行[2]，不在究竟身之元由[3]，所说万物，不论象外[4]，虽指大道为本，而不备明顺逆起灭[5]、染净因缘[6]。故习者不知是权，执之为了[7]。今略举而诘之。

【注 释】

[1] 外教：心外之教，佛法外之教，指儒、道二教。

[2] 在乎：乎，原作“手”，此依后世诸本改。依身立行：儒、道二教的理论和修行体系，都是为了修饰其身，而不知此身的本原。

[3] 究竟：作动词用，指推究、探求。元由：本因，本原。

[4] 象外：指具体的事物之外，意指本体。象内之事都只是现象，象外之事方为本体，儒、道二教所明，至大者只是天地，所论都是在天地之内，都只是现象之物，未涉及本体。

[5] 备明：完全明了，彻底认识。顺逆起灭：佛教指事法的本末、体用关系。

［6］染净因缘：即染因缘和净因缘。因缘是佛教所指的事物生起的各种条件或原因，主要条件或直接原因称为“因”，次要条件或间接原因称为“缘”。迷于真性而不知，随妄念而动，从细至粗，顺次第生起，这是染因缘；舍妄归真，从粗至细，逆向依渐次断灭，而至真性，这是净因缘。

［7］执之为了：不知儒、道二教是权教，而执着于其为了义教，这是迷。

【译 文】

但是，佛教之外的儒、道二教，以修身为唯一的目标，依照修身的原则提出各种理论和制定修行规范，却不去探究所修之身的终极本原。它们所涉及的万事万物，也不出有具体形象的事物之外，虽然都以道为人的本原，却并不真正明白什么是人，并不完全了解人是如何因为不知自身的真正本原，而使妄念从细微到显著逐渐顺次生起的过程。这个过程叫染因缘，是人陷于迷妄的原因。也不了解人觉悟自身的真正本原后应如何按照相反的次第逐渐断灭妄念，妄念灭尽而显现真原的过程。这个过程叫净因缘。那些修习儒、道二教的人，并不知道他们所习的教法只是一种权宜之教，就执着地认为他们为具有终极真理的教义。现在我列举一些此教的观点来加以批评。

【提 要】

这是对儒、道二教，尤其是对道家的大道生成论提出的批评，从其具有常性即永恒性的大道本体推导出由其所生成的现象，特别是各种永恒的社会现象，再由这些社会现象的永恒性来否定人为的作用，否定教化的作用，从而否定老庄之教作为教化存在的必要性。

【原 文】

所言万物皆从虚无大道而生者，大道即是生死贤愚之本，吉凶祸福之基[1]。基本既其常存[2]，则祸乱凶愚不可除也[3]，福庆贤善不可益也[4]，何用老庄之教耶[5]？

【注 释】

[1] 基：与“本”的意义相同，都指人的本原。

[2] 常：指永恒性。宗密认为儒、道的大道具有永恒的性质，老子“道可道，非常道”之说指示了道的常性。

[3] 不可除：既然本体具有永恒性，由本体所决定的现象也是永恒的，因此可以推出这样的结论：社会中恶的现象也是永恒的，不会减少一分。

[4] 不可益：益，指增加。既然本体之大道具有永恒性，由其所决定的善的现象也是永恒的，不会再增加一分。

[5] 何：为什么。教：指教化。既然恶不可除，善不可增，而孔、老立教又是为了从善去恶，那么教化的存在还有什么意义呢？

【译 文】

儒、道二教大道生成论的原人观认为，万物都是从具有虚无性质的大道中产生的。这个道就是人有出生、死亡等变化，和贤明、愚笨等状态的根本原因，也是人有吉祥、凶险、灾祸、幸福等状况的基础。作为事物的基础或根本，就应该具有永恒存在、不可改变的性质。如果是这样，那么由这种基础或根本所决定的事物，特别是一些社会现象，也是无法改变的。比如说灾祸、混乱、凶险、愚笨等消极现象也就不能消除，幸福、吉庆、贤明、善良等积极现象也无法再增加，那么社会还需要用老、庄的教化来去恶扬善吗？

【提 要】

进一步从社会存在的不公正现象来批评大道生成论的内在矛盾，指出大道生成论和社会现实的矛盾。

【原 文】

**又，道育虎狼[1]，胎桀纣[2]，天颜冉[3]，祸夷齐[4]，何名尊乎[5]？**

【注释】

[1] 虎狼：泛指一切类似的恶类。大道能生万物，也生虎狼等，但虎狼等却是残害人畜的，这不正是大道的不仁之处吗？

[2] 胎：生养。桀纣：夏朝之桀、商朝之纣，都是比虎狼还要残暴的国君，泛指一切昏君庸臣。大道生养这样的暴君，不正是大道的不仁吗？

[3] 夭：夭折，短命。颜：指孔子的弟子颜回，字子渊。孔子赞其贤德，却不幸短命。冉：指孔子的弟子冉耕，字伯牛，极有贤德，也不幸短命。以颜、冉二人泛指一切贤德之人。他们也是大道生成的，但大道却使他们短命，不亦太残忍了吗？

[4] 祸：施以灾祸，使人受灾祸。夷齐：夷，伯夷，齐，叔齐，分别是商代末年孤竹国国王的长子和次子，以贤德守节著称。周武王灭商后，他们逃入首阳山中，不食周粟而饿死，以夷、齐泛指一切有节操的贤人。他们也是大道生成的，但大道却要让他们饿死，不亦太残忍了吗？

[5] 尊：道家对大道之本质的一种规定，有道尊德贵之说，但大道有如此的不仁之处，还有什么尊贵呢？由此批评了具有常性的大道。宗密在《圆觉经大疏》卷中之一中，详尽地批评具有恒常和普遍等性质的大道只是“邪因”。

【译 文】

再说，大道化育出虎狼等凶残的畜生，生养出夏桀、商纣等无道的昏君，却使贤明的颜回和冉耕短命，使有节操的伯夷和叔齐遭祸饿死，同时又说道尊德贵，这样的道还有什么尊贵可言呢？

【提 要】

对儒、道两家的自然为本论提出批评，以佛教的因缘论为基础，首先指出自然理论和万法生成的实际现象的矛盾。

【原 文】

**又言万物皆是自然生化[1]，非因缘者，则一切无因缘处悉应生化[2]，谓石应生草，草或生人，人生畜等。**

【注 释】

[1] 自然生化：宗密所理解的儒、道原人理论中的自然为本论，意指万物是自然而然地产生的，是不依赖任何条件的。这和佛教的因缘论相违。其实道家所讲的自然为本，是在指出万物的终极本原的意义上使用的，是对道的性质的规定。道法自然，而在具体事物的产生上，道家也是讲条件的，“三生万物”中的“三”，就是万物产生的

条件，这一点也是宗密的宗师荷泽神会所强调的。

［2］无因缘处悉应生化：从万物产生的无条件性进一步推演出。任何无生成关系的两个事物都能自然生成。这当然是不可能的，由此揭示出自然论的内在矛盾。

【译 文】

儒、道二教又以自然为人的本原，认为万物都是由自然生成化育出来的，不是佛教所说的那样是因缘和合而成的。那么在一切不存在因缘的地方，都应该有这种生成化育的现象，比如从石头中应该能生出草木来，从草木中应该能生出人来，人应该能生出畜生来，可事实并不是这样的。

【提 要】

进一步揭示自然生成论的内在矛盾，这里批评的道，不是先秦的道家，而是道教。道教讲服食修炼以成仙，儒家讲以贤良致太平，以教化达仁义，这都是有为，不是自然无为，与其自然论相违。

【原 文】

又应生无前后[1]，起无早晚，神仙不借丹药[2]，太平不借贤良[3]，仁义不借教习[4]，老庄周孔何用立教为轨则乎[5]？

【注 释】

［1］生无前后：宗密又把道家的自然生成论理解为常生，“若谓万物自然而生，即是无因，亦一切时处应常生故”(《圆觉经大疏》卷中之一)。比如种植，就应该一年四季都可以，正月初一就有谷麦之类，又何必要等三四月才出谷，而麦则要到九十月才长成？这种待时而生是与“常生”原则相违的。文中以无情之物生成的有条件性来批评自然生成论。

［2］神仙：道教以成神成仙为最高理想。丹药：道教中人通过炼丹服药来实现成仙的目的。

［3］太平：儒家的社会理想，指社会安宁和平。贤良：贤人良士，任用贤人良士使国泰民安。

［4］仁义：儒家的价值观，代指仁义礼智信五常。教习：教化学习，通过教化学习达到儒家的道德理想。

［5］何用：原作“何必用”，其余诸本均无“必”字，今依诸本去之。轨则：规范，准则。从自然生成论看，个人和社会的理想都是自然实现的，不必通过种种规范，但儒、道却又设立种种规范，这不是和自然原则相违吗？

【译 文】

再说，这种没有因缘的生成化育应该是这样的：万物的产生没有先后次序，也没有早晚次序，人也不需要通过炼丹服药的手段来成仙，社会的太平也不需要通过贤人良士来实现，仁义礼智等品德也不需要通过诗书礼乐等方面的教育而取得。既然一切都是自然而然就能实现的，那么老子、庄子、周公、孔子等人何必还要去设立许多社会准则来作为人的行为规范呢？

【提 要】

这是对儒、道两家元气论的原人理论的批评。按照宗密在《圆觉经大疏钞》卷九之下中的说法，这里主要是批评元气论"无前世失"，即不知道前世存在中的"宿习本有难"。元气论不能解释婴儿的认识是如何发生的，而佛教认为婴儿的认识是从前世承继下来的。

【原 文】

**又言皆从元气而生成者[1]，则欻生之神[2]，未曾习虑[3]，岂得婴孩便能爱恶骄恣焉[4]？**

【注 释】

［1］元气：儒、道所指的人的本原，也是天地万物的本原。

［2］欻生：忽然生成，从无忽然化生出有，是儒、道对元气化生万物的描述。神：人的认识能力。

［3］习虑：学习，思虑。一般认为，这是认识形成的基本条件。

［4］爱恶骄恣：爱指染着，恶指憎嫌，骄指矜傲，恣指纵情恣放，都是指婴儿的一些情感表现，特别是一些生理本能。宗密把它们看作是婴儿的认识行为，由此证明认识的先天性，进而证明前世的存在。

【译文】

儒、道二教又以元气为人的本原，认为一切都是从元气中突然产生的，人的精神也是如此。如果说精神是突然产生的，那么为什么婴儿在没有经过任何学习、思虑，就会有贪爱染着、憎恨嫌弃、骄矜自傲、纵情恣放等情感呢?

【提要】

这是批评元气论“无前世失”中的“未习则无难”。

【原文】

**若言欻有，自然便能随念爱恶等者[1]，则五德、六艺[2]，悉能随念而解[3]，何待因缘学习而成[4]？**

【注释】

［1］随念：念指认识状况。这是宗密对元气论的认识论的理解，指人的认识是随元气生化万物而出现的，并不存在特别的学习之类。

[2] 五德：《原人论发微录》和《原人论解》都释其为五常，即仁、义、礼、智、信。另一含义是五种品德，指温、良、恭、俭、让。六艺：六种才能，指礼、乐、射、御、书、数；也指六经，即《礼》《乐》《书》《诗》《易》《春秋》。

[3] 随念而解：认识是突然产生的，对万法本质的理解也自然是突然而有的。

[3] 因缘学习：以修学、习行为获取认识的手段或条件。婴儿那里并没有五德、六艺，他们必须经过五年到十五年的学习才能掌握，而这又与“随念”说矛盾。

【译 文】

如果说一切都是随着元气而突然产生的，随着精神从元气中产生而自然而然具有贪爱、憎恶等情感，那么儒家推崇的仁、义、礼、智、信五德，礼、乐、射、御、书、数六艺，人随着精神的产生就自然而然地都能理解掌握了，何必还要通过修学、习行之后才能具备呢？

【提 要】

揭示元气论在鬼神问题上的内在矛盾。儒、道一般是承认鬼神存在的，但他们又根据元气论得出了无鬼无神的结论。宗密这层批评指斥元气论的“无后世失”，即否定后世的存在，本段是这层批评中的第一条“以有难无”，即以儒、道所持鬼神之存在批评元气论中的无鬼无神。

【原 文】

又，若生是禀气而欻有[1]，死是气散而欻无[2]，则谁为鬼神乎[3]？

【注 释】

[1] 禀气而欻有：儒、道二家认为人是从元气中突然出现的。人的肉体由粗浊之气构成，精神由精妙之气构成。

[2] 气散而欻无：人的死亡是由于元气的突然散失，人死又复归为元气。

[3] 鬼神：指脱离肉体而独立存在的精神，是有神论和佛教来世说的思想基础。

【译 文】

还有，如果人是从元气中突然产生的，死亡也是由于元气的突然散尽，那么哪里还有儒家所讲的鬼神呢？而俗世中流传着现世中有的人能很清楚地叙述出他在前世中的情形的例子，流传着现世中有的人能够回忆出他在前世中的一些事情的例子。这表明人在现世的存在是从其前世存在流转下来的，并不是因为禀承元气而突然产生的。

【提 要】

进一步揭示儒、道二教重鬼神的实际情况和元气论的无鬼神论之间的矛盾。这批评了元气论“无后世失”中的第二条“双彰过未二世”，既明过去世的存在，又明未来世的存在。

【原 文】

**且世有鉴达前生[1]，追忆往事[2]，则知生前相续[3]，非禀气而欻有。又，验鬼神灵知不断[4]，则知死后非气散而欻无。**

【注 释】

[1] 世：指俗世，世俗世界。宗密以俗世中的民间传说来证明前世的存在。他在《原人论》中并未具体举出实例，在此只是得出一个结论，而在《圆觉经大疏钞》卷九之下中都列举出来了。鉴达前生：鉴达，鉴是光明照耀的意思，达指通晓明白，前生即三世中的过去世。宗密在《圆觉经大疏》中举了“鲍静李家”的例子，《圆觉经大疏钞》卷九之下做了具体的解释，以说明鉴达前生现象的存在。事情是说有个叫鲍静的人，五岁时对父母说，他本来是某地李家的儿子，九岁时掉入井中死了。他的母亲就到某地去查访，果然有李家，问过去的事情，都与他儿子讲的一样。宗密据此而说：“于此而观，神之相

续，未尝绝灭，故得李死为鲍，犹托往生……理虽荒昧，事甚昭彰，而谓身死神无，还归于气，何欺妄也？”

［2］追忆往事：现在世的人回忆他在过去世的一些事情。宗密在《圆觉经大疏钞》卷九之下解释了“羊祜指环”的例子，说的是西晋太守羊祜在他五岁时，要他的乳母去取回他过去遗失的一个指环。乳母说：你本来就没有这样的东西，叫我到哪里去找呢？羊祜告诉她在房屋东墙边的桑树丛中，乳母要他自己去找，羊祜说：现在我们住的房屋不是我先前住过的老房子。有一次出游，羊祜在一李姓人家东墙的桑树丛中果然找到了指环。李家人惊讶地说：这是我死去儿子的遗物，你们怎么能拿走呢？乳母就把羊祜所说的话向李家说明，李家要认羊祜为儿子，经过邻里的劝说解释才作罢。宗密由此证明前世的存在。

［3］生前相续：现世的生命是从前世延续下来的，是前世生命的轮回。

［4］验：以所谓的事实验证灵魂的不灭。灵知不断：灵知指人死后的灵魂，人死后灵魂不灭。宗密在《圆觉经大疏钞》卷九之下举了“蒋济有子”的例子。三国魏文帝时，太尉蒋济有个儿子已经死了七年，有一个晚上他的妻子忽然梦见儿子向她诉说在地府的痛苦。他已经为太山府做了五百年苦役，而在某地有一个叫孙阿的人，太山府将召他任省录事一职，请父母去找孙阿说情，让他在地

下能享受安乐。妻子惊醒，哭着告诉了丈夫。蒋济找到孙阿，把他儿子所托的梦都告诉了他。孙阿说：这是要我在地下给你儿子以方便。两个月后，孙阿得病而死。他死后十天，蒋济妻又梦见了儿子对她说，他现在由于省录事的帮助，已经免除苦役了。

【译 文】

再说，有许多实际的例子可以验证人死后，其鬼魂或灵魂具有和现世中人一样的认识能力。这表明人死后精神并没有灭，人的死亡也不是元气的突然散尽而化归为空无。

【提 要】

因为祭祀仪式的理论依据就是有神论，所以宗密以儒家典籍中关于祭祀的规定来指出重祭祀与元气论的矛盾。这为宗密批评元气论“无后世失”中的第三条“证成不断”，即以儒家典籍证明人死后灵魂不灭。

【原 文】

**故祭祀求祷[1]，典籍有文[2]。**

【注 释】

［1］祭祀：祭神祀祖。求祷：向神明求福。

[2] 典籍有文：典籍中有明文记载。关于祭祀求祷等的记载，儒家经典中有很多，比如《书序》中说“武王有疾，周公作金縢”，孔子说“祭如在，祭神如神在”（《论语·八佾》）。

【译 文】

所以，祭祀祈祷等事情，儒、道的典籍中都是有明文记载的。

【提 要】

进一步以一些传说故事来证明人死后灵魂的存在，来证明佛教三世的存在。

【原 文】

**况死而苏者说幽途事[1]，或死后感动妻子[2]，仇报怨恩[3]，今古皆有耶。**

【注 释】

[1] 死而苏者：死后又复活。从现代医学的角度看，这里所谓的死亡实是假死。说幽途事：死而复活的人讲述他在冥界所遇到的事情。宗密举了十六国时代刘汉国国君刘聪死后复活的事例：刘聪死后过了一夜，身上仍是热的，

因此没有入殓。他后来苏醒了，讲述了死后所见的事情。宗密以此说明后世的存在。

［2］死后感动妻子：指人死后灵魂仍能回到现世活动。宗密举了一个屈死的孩童的灵魂报仇的故事。有一位姓徐的人和前妻许氏生有一男名铁臼，许氏死，徐氏又娶陈氏，陈氏非常凶残，虐待铁臼。她也生一男，取名铁杵，并向儿子发毒誓，如果不除铁臼，就不是他母亲。铁臼被虐待致死后，其鬼魂经常回家，向陈氏索铁杵之命，以至于铁杵在六岁就得病而死。

［3］仇报怨恩：即仇冤报恩，人死后灵魂有仇报仇，有恩则报恩。宗密也举有多例来说明这种情形。冤魂报仇之事，举西汉窦婴和灌夫被田蚡害死的事。窦婴临死时说：如果死后没有灵魂也就罢了，假如有的话，我不会就这么死掉的。一个月后，田蚡得病，浑身遭打，天子派人去问鬼神，发现是窦婴和灌夫拿着鞭子在打田蚡，不久田蚡死去。灵魂报恩之事，宗密举了“鬼役结草”的故事，说的是春秋战国时期，晋国太史魏武子有疾，他对其儿子颗说：我死后必须让我的妾再嫁。后来他病得更重了，又叫儿子把妾杀掉。他儿子想，应该听父亲清醒时的话，就让其父的妾再嫁。后来他在领兵抵抗秦国的进攻时，那位妾的已死的父亲率领鬼军帮助他，结草围困秦军，以报他不杀其女之恩。

【译 文】

况且人死后复生后能说出他在幽冥中的事情，或者人死后其灵魂回到现世活动，有仇的就报仇，受恩惠的就报恩，诸如此类的例子，从古至今都是存在的。

【提 要】

引出王充对鬼神论的批评，进一步揭示元气论的理论缺陷，即不知死后世界的多样性和生命的轮回。这是宗密批评元气论“无后世失”中的第四条“问答通妨”，即通过问答论辩来进一步指出元气论的原人理论的局限。

【原 文】

外难曰[1]：若人死为鬼，则古来之鬼，填塞巷路，合有见者[2]，如何不尔[3]？

【注 释】

[1] 外难：这里举出的是王充的设难。王充曾设难说：“人且死见鬼，宜见数百千万，满堂盈廷，填塞巷路，不宜徒见一两人也。”（《论衡·论死》）

[2] 合：应该，应当。

[3] 尔：如此，这样。

【译 文】

外教中有人对鬼神存在的观点提出责难，说：如果说人死后变为鬼，那么自古以来人死无数，所形成的鬼魂应该填满了街巷、塞满了道路，人们也应该能看到这些鬼魂，但我怎么没有听说过有谁见到过呢？

【提 要】

宗密以六道轮回理论说明生命的循环，以回答王充的设难。

【原 文】

**答曰：人死六道[1]，不必皆为鬼，鬼死复为人等[2]，岂古来积鬼常存耶[3]？**

【注 释】

[1] 答：宗密对王充设难的回答。六道：佛教认为人死后灵魂的去向有六种，即地狱、饿鬼、畜生、阿修罗、人、天，究竟进入哪一道，都是由其生前所造的业决定的。

[2] 鬼死复为人等：宗密认为，不只人会死，鬼也会死，鬼死后也会转生为其他生命类型，比如说还可以重新投生为人，人和鬼之间的转化是双向的。他说：“人死为鬼，

鬼死为牛，牛死为鱼，鱼死为天，天死为鬼，鬼死复为人，岂可人独有死而鬼无死乎?”（《圆觉经大疏钞》卷九之下）

[3] 积鬼：儒、道所理解的鬼不能再转化为其他生命类型，所以逐渐积压下来了。

【译 文】

对这种责难，我的回答是：佛教认为人死之后灵魂的去处有地狱、饿鬼、畜生、阿修罗、人、天六种，称为六道，并不是说都变成鬼魂。鬼死之后还能再转生成人，所以自古以来的鬼魂，怎么还会有积存下来的呢?

【提 要】

这是宗密对元气本体论的认识论的批评。元气论用禀气来说明人认识的产生，但宗密责问：元气本身并无认识能力，怎么会产生有认识能力的人呢? 同样是禀气，为什么人有知，而草木无知呢? 这些都是元气论要进一步思考的。这层批评，宗密称为“难无性失”，即元气论的本原论不能解释人认识的产生。

【原 文】

且天地之气，本无知也[1]，人禀无知之气，安得歘起而有知乎[2]？草木亦皆禀气，何不知乎[3]？

【注 释】

[1] 无知：没有认识能力，没有灵觉之性。元气本身没有认识能力，没有灵觉。

[2] 有知：有认识能力，有灵觉之性。这是人的基本特征。

[3] 不知：没有产生认识能力。草木等无情之物同人一样，也是从元气中产生的，但是并没有产生像人那样的认识能力。据此，宗密得出认识能力和元气无关的结论："今既具禀阴阳，不待为异，何故草木无知，人畜有知？据此，则知是心神不关气也。"（《圆觉经大疏钞》卷九之下）

【译 文】

再说，天地之中的元气本来是没有认识能力的，人禀受了这种没有认识能力的元气，又如何能够突然产生并且具有认识能力呢？像草木等同样也是禀受元气而产生的，它们为什么却没有像人一样的认识能力呢？

【提 要】

这是对儒、道两家天命论提出的批评，通过对社会现象的分析，责问天赋命的不公，揭示天命论在解释社会现实时遇到的问题。

【原 文】

又言贫富贵贱、贤愚善恶、吉凶祸福皆由天命者[1]，则天之赋命[2]，奚有贫多富少[3]，贱多贵少，乃至祸多福少？苟多少之分在天[4]，天何不平乎[5]？

【注 释】

［1］皆由天命：一切都由天命所决定。

［2］赋命：决定人的命运，给人以社会生活的必然性。

［3］奚：为什么。

［4］苟：如果，假如。

［5］不平：不公平。指斥天命违反社会生活的平等原则。

【译 文】

儒、道二教又以天命为人的本原，认为人的贫穷、富裕、高贵、低贱、吉祥、凶险、灾祸、幸福等，都是由天命所决定的。既然如此，那么上天赋予人的命运，为什么要使人世间贫穷的人多而富裕人的少，低贱的人多而高贵的人少，甚至于受灾祸的人多而幸福的人少呢？如果说这种多或少的原因在于天，那么我要问，上天为什么要这样不公平呢？

【提 要】

继续批评天命的不公，揭示天命赏罚的不公。按照一般的原则，应该赏善罚恶，而天命却正好相反，赏罚颠倒，宗密称之为“颠倒冠履，尊卑无序”（《圆觉经大疏》卷中之三）。

【原 文】

况有无行而贵[1]，守行而贱[2]，无德而富[3]，有德而贫[4]，逆吉义凶[5]，仁夭暴寿[6]，乃至有道者丧[7]，无道者兴[8]。既皆由天，天乃兴不道而丧有道，何有福善益谦之赏[9]，祸淫害盈之罚焉[10]？

【注 释】

［1］无行而贵：没有遵守儒、道的价值规范，却获得尊贵的地位。

［2］守行而贱：遵守了儒、道的价值规范，却处于卑贱的地位。

［3］无德而富：没有道德的人却成为富人。

［4］有德而贫：有道德的人反而贫穷。

［5］逆吉义凶：违反社会准则的人却得平安，有道义的人却遭受凶险。

［6］仁夭暴寿：仁慈的人短命而亡，凶残的人却能长寿。

［7］有道者丧：掌握真理的人得不到应有的社会地位。

[8] 无道者兴：缺乏道义的人却成为社会的主宰。

[9] 福善益谦：福善，给善良的人以幸福。益谦，给谦虚的人以利益。《尚书·大禹谟》有“满招损，谦受益”之说，《易·谦卦》中有“天道亏盈而益谦”之说。

[10] 祸淫害盈：祸淫，给淫邪的人以灾祸。害盈，给骄盈者以祸患。《尚书》中有“天道福善祸淫”之说，《易·谦卦》中有“鬼神害盈而福谦”之说。

## 【译 文】

况且还存在这样的情形：那些没有遵守儒、道二教价值规范的人，却变成了社会中的高贵者，而遵守这些规范的人，却成了低贱者；那些没有德行的人，成了社会中的富裕阶层，而有德行的人，却成了贫穷者；那些违反社会准则的人，事事吉祥，而遵守社会准则的人，却处处遭凶险；仁慈的人短命而亡，而凶残的人却能长寿；甚至掌握真理的人得不到应有的社会地位，而缺乏道义的人却成了社会的主宰者。既然这一切都是由天命所决定的，天却使没有道义的人得势，而使有道的人失势，这怎么能实现儒家所倡导的给善良的人以幸福、给谦虚的人以利益、给淫邪的人以灾难、给骄盈的人以祸患的赏罚原则呢？

## 【提 要】

宗密进一步揭示天命论的内在矛盾。既然一切都由天命决定，社会中恶的现象就出自天命，但圣人圣典却将其归咎为人或物；社会中善的现象也出自天命，而儒家圣典中却将其归结为人，这都是与天命论相违的。

【原 文】

**又，既祸乱反逆皆由天命[1]，则圣人设教，责人不责天[2]，罪物不罪命[3]，是不当也[4]。然则《诗》刺乱政[5]，《书》赞王道[6]，《礼》称安上[7]，《乐》号移风[8]，岂是奉上天之意，顺造化之心乎？**

【注 释】

［1］祸乱反逆：泛指社会中一切恶的现象，按照天命论，这些都是由天命所决定的。

［2］责人不责天：对于社会中恶的现象，圣人将其归咎于人，而不是归咎于天，这是和天命论相违的。

［3］罪物不罪命：对于社会中恶的现象，圣人将其归结于事物本身，而不是归结于命运，这也是和天命论相违的。

［4］不当：不正确的，错误的。

［5］《诗》刺乱政：《诗》指《诗经》。《诗经》中包含着许多对君王乱政和暴虐的统治者的批评。

［6］《书》赞王道：《书》指《尚书》。《尚书》对上古三王（夏禹、商汤、周文王）充满了赞颂。

［7］《礼》称安上：《礼》指《礼记》。《礼记》所规定的礼制

是使君王的统治得以稳定的条件。《孝经》中有“安上治民，莫善于礼”之说。

[8]《乐》号移风：《乐》指《乐记》，是《礼记》中的一篇。《乐经》也简称《乐》，但所谓《乐经》的内容，其实就在《诗经》《乐记》等典籍中，并无独立的典籍。《乐记》中倡导的高雅音乐对社会的移风易俗很有积极意义，《孝经》中有“移风易俗，莫善于乐”的说法。

【译 文】

再说，既然社会中的灾祸、混乱、谋反、叛逆等恶的现象也都是由天命所决定的，那么圣人在设立教化时，对此类恶的现象，只谴责人却不谴责上天，只怪罪事物本身而不怪罪命运，这些做法都是不恰当的。然而，《诗经》对暴虐的君王提出批评，《尚书》对上古的夏禹、商汤、周文王三王充满赞扬，《礼记》认为它所规定的礼制是使君王的统治得以稳固的必要条件，《乐记》倡导的高雅音乐对社会起移风易俗的作用，这难道可以说是遵循了上天的意志，顺应了天命生化万物的原则了吗？

【提 要】

通过上述批评得出结论：儒、道二教的四种原人理论都没有真正说明人的本原。

【原 文】

**是知专此教者[1]，未能原人[2]。**

【注 释】

[1] 专：专心执守。

[2] 原人：这里的“原”是动词，探源之意，指探求人的本原。

【译 文】

通过上述剖析，可以确知，执着于儒、道二教的人，并没有真正探求到人的终极本原。

【原 文】

## 二、 斥偏浅第二 习佛不了义教者[1]

【译 文】

## 第二、 破斥偏执浅显

（即批评信奉佛教中非终极之义的权教的人）

【提 要】

略说偏浅佛教由浅至深的五个不同层次的教派名称。宗密在《禅源诸诠集都序》卷二中的判摄与这里的五教名称稍异，但内容相同，为人天因果教、说断惑灭苦乐教、将识破境教（以上三教合称密意依性说相教）、密意破相显性教、显示真心即性教。宗密在《圆觉经大疏》卷上之四中，则判摄为第一愚法声闻教、第二大乘权教、第三大乘实教、第四大乘顿教、第五一乘圆教，这是华严宗传统的小、始、终、顿、圆的判摄。

【原 文】

**佛教自浅至深[2]，略有五等：一、人天教[3]，二、**

小乘教[4]，三、大乘法相教[5]，四、大乘破相教[6]，上四在此篇中。五、一乘显性教[7]。在第三篇中。

【注 释】

[1] 习佛不了义教者：原无，今依《大正藏》所收明本及鸡园刻经处本等补。

[2]至：原作“之”字，今依《华严原人论合解》本改。

[3] 人天教：一般信众所修习的教派，其基本教义是宣传三世因果报应和六道轮回，令修行者发起欣上厌下、怖苦趋乐之心，行善业，得善报，以业为人的本原。

[4] 小乘教：印度佛教中的原始佛教和部派佛教的统称，其基本教义是宣传我空法有论，用析色法证明人色身的空性，以色、心二法和贪、嗔、痴三毒为人的本原。

[5] 大乘法相教：在印度佛教中指大乘有宗，在中国佛教宗派中指法相宗，其基本教义是宣传识的存在，以第八识阿赖耶识为人的本原。

[6] 大乘破相教：在印度佛教中为大乘空宗，在中国佛教中是三论宗，其基本教义是宣传一切皆空，不只是色法空，心法也是空，以空为人的本原。

[7] 一乘显性教：宗密特指华严宗，宣传一切众生都有本觉真心，从无始际以来，被妄想所覆，不见自心真性，流浪生死，一旦经觉悟者指示心性，就顿与佛同。此教以真性为人的本原。

【译 文】

佛教从浅显之教到深奥之教，大致可以分为五个层次：一是人天教，二是小乘教，三是大乘法相教，四是大乘破相教（这四种教就在这一部分中分析），五是一乘显性教（这一种教将在本文的第三部分中分析）。

【原 文】

佛为初心人[1]，且说三世业报、善恶因果[2]，谓造上品十恶[3]，死堕地狱[4]；中品，饿鬼[5]；下品，畜生[6]。故佛且类世五常之教[7]，天竺世教，仪式虽殊，惩恶劝善无别，亦不离仁义等五，而有德行可修。例如，此国敛手而举，吐蕃散手而垂，皆为礼也[8]。令持五戒[9]，不杀是仁，不盗是义，不邪淫是礼，不妄语是信，不饮酒噉肉，神气清洁，益于智也[10]。得免三途[11]，生人道中[12]。修上品十善[13]，及施戒等[14]，生六欲天[15]。修四禅八定[16]，生色界、无色界天[17]。题中不标天、鬼、地狱者，界地不同[18]，见闻不及[19]，凡俗尚不知末[20]，况肯穷本？故对俗教[21]，且标原人[22]，今叙佛经，理宜具列[23]。

【注 释】

[1] 初心人：指根基最浅的学佛者。

[2] 且：表示佛说为权且的方便之说。三世业报：三世指过

去世、现在世和未来世。业报指因人所造的行为而得到的报应。过去世所造的行为可以在当时得报应，也可以在现世得报应或在未来世得报应；现在世所造的行为可以在现世立即得报应，可以在来世得报应，也可以在以后许多世得报应。善恶因果：善因善果或恶因恶果。业或行为是因，所得报应是果，行为有善恶之分，所得的报应也有善恶之分。

[3] 上品十恶：十恶，指杀生、偷盗、邪淫、妄语、两舌、恶口、绮语、贪欲、嗔恚、邪见。佛教论善恶又分为上中下三品：从造恶的对象来看，对象是父母，为上品之恶；对象为其他人，是中品之恶；对象是蚊虫等类，为下品之恶。从造恶的主观心态而言，发猛烈的恶心，下很大的决心去行恶事的，是上品之恶；发心一般的，是下品之恶；处于这两者之间，是中品之恶。

[4] 地狱：梵文 nāraka 的意译，又意译为不乐、苦器、苦具等，是罪人受苦的场所，俗义的理解是地底之狱，有多种分类，是六道中最恶的一种报应结果。

[5] 饿鬼：梵文 preta 的意译，音译闭丽多，也有多种分类，其总特征是腹大如鼓，咽喉却细如针，没有人给他们举行祭祀，常处于饥饿之中。

[6] 畜生：狭义指人畜养的牛马狗猪等，广义的则指傍行而生的一切飞禽走兽。

[7] 类世五常之教：类，仿照。世，世俗世界，这里指儒家

盛行的社会。五常，仁义礼智信，仿照儒家的仁义礼智信五常之说。

[8] 此段注文，原本置于下文“生人道中”之后，今依《华严原人论解》等本移于此处。天竺：印度的古称。吐蕃：西域古国之一，西域也是佛教的传入地，在当时和天竺一起被视为西方佛国世界。

[9] 五戒：佛教对在家居士规定的终身应遵守的五条戒规，即不杀生、不偷盗、不邪淫、不妄语、不饮酒。

[10] 这段注文，原本置于下文“得免三途，生人道中”之后，上接“皆为礼也”，今依《原人论合解》等本改之。不杀是仁：宗密把佛教的五戒和儒家的五常相类比，指出五戒和五常等同，以此作为他三教合一论的一个重要论据。宗密在《圆觉经大疏钞》卷七之上中具体分析了这种观点：仁是一种仁爱之心，“仁是慜物，博施恩惠，广济患难”。而五戒中的不杀生正是体现的这种思想，因而与仁的意义相同。不盗是义：义是一种行为规范，按照这种规范行事，则“有志有准，非理不为”。而不偷盗正是这种规范的具体化。不邪淫是礼：礼是一种社会秩序，“别尊卑，息讥嫌，分内外，禁诤乱”。而不邪淫的意义正与此相同，邪淫是非礼之极，只要做到不邪淫，其他礼法就都可以顺利遵守。不妄语是信：信是遵守信用，“发言无二，不亏其约”。不妄语所要表达的也正是这个意思。不饮酒噉肉：原作“不饮噉酒肉”，今依《原

人论合解》本和鸡园刻经处本改之。智：指心境清明，头脑清醒，而不饮酒正是要保持这种清醒的状态。

［11］三途：指六道中三恶趣，即地狱、饿鬼和畜生。

［12］人道：六道中的人趣，死后转生为人。

［13］上品十善：十善，与十恶相对，指不杀生、不偷盗、不邪淫、不妄语、不两舌、不恶口、不绮语、不贪欲、不嗔恚、不邪见。十善也分上中下三品。修上品十善，生六欲天中；修中品十善，生人道中；修下品十善，生阿修罗道中。对修中品十善和下品十善的果报状况，宗密没有分析，因为在讲持五戒的果报时，已经讲到了人道，而阿修罗道，儒、道两教都不讲，所以也略去不说了。

［14］施戒：指布施和持戒，实际上泛指大乘六度。六度在印度佛教中是大乘佛教所修的，中国佛教没有严格的大、小乘佛教之分，所谓小乘法其实也是站在大乘意义上的。

［15］六欲天：六道中天道的一种，是色界中的六重天，依次为四天王天（东为持国天、南为增长天、西为广目天、北为多闻天）、忉利天、夜摩天、兜率天、乐变化天和他化自在天。在六欲天中，人还没有脱离淫欲和食欲。

［16］四禅八定：四禅和四定的合称。四禅是指从一禅到四禅的四种色界所修的禅定，用以治各种烦恼，能产生相应的功德。初禅，修此禅定，能感受到离开欲界所带来的快乐。二禅，此禅定对治初禅所具有的“寻”“伺”两种粗细的思考方式，形成内心的信仰，产生由此禅定而形

成的喜乐，为“定生喜乐”。三禅，对治二禅的定生喜乐，得非苦非乐之境，产生离开二禅喜乐的喜乐，为“离喜妙乐”。四禅，对治三禅的离喜妙乐，得不苦不乐的感受。四定又称四无色定、四空定，是无色界所修的四种禅定，分别是：空无边处定，以无边的虚空为观想对象，超越四禅的色想；识无边处定，以内识的虚空为观想对象，超越空无边处定的观想；无所有处定，以无所有为观想对象，超越识无边处定的观想。非想非非想定，超越无所有处定的观想，进入非想、非无想的绝对寂静的状态。

[17] 色界、无色界天：即色界四禅天和无色界四无色天，分别是修四禅和四无色定后所得的相应的境界。四禅天包括初禅三天（梵众天、梵辅天、大梵天），二禅三天（少光天、无量光天、极光净天），三禅三天（少净天、无量净天、遍净天）和四禅八天（无云天、福生天、广果天、无烦天、无热天、善现天、善见天、色究竟天），共十七天。四无色天指空无边处天、识无边处天、无所有处天和非想非非想天。

[18] 界地不同：即界、趣都不相同，界有欲界、色界和无色界之异，趣有六途分别。

[19] 见闻不及：色界、无色界以及地狱、饿鬼、畜生、阿修罗等，都是人的感官难以感觉到的。

[20] 尚不知末：宗密认为，儒、道教以天为本，以人畜等为

末，只知人畜草木依天而生，不知其是他们所作的业的报应，这是不知末。既然不知末，那么更不知天是什么了。

[21] 俗教：指世俗的儒、道之教。

[22] 且标原人：众生有六道轮回，对六道都应追求其本原，为何只求人的本原？这是针对儒、道二教的情形而言的。儒、道二教不谈地狱等恶趣，对人的本原的看法也是错误的，所以只以“原人”为题，以适应中国传统思想的习惯。

【译 文】

人天教是佛为那些根基最浅的学佛者所设的权宜方便之说，其基本内容是三世因果报应：人在过去、现在和未来三世中造作各种业，以这些业为因，而受相应的或善或恶的报应。具体地说，如果你的行为属于上品十恶业范围，那么你死后将转生在六道的地狱道中；如果你的行为属于中品十恶业的范围，那么你死后将转生于六道的饿鬼道中；如果你的行为属于下品十恶业的范围，那么你死后将转生于六道的畜生道中。所以佛也以权宜之法，仿照俗世中的仁、义、礼、智、信五常的教义（古印度的世俗教义，其仪式虽然和中国不同，但惩处罪恶、劝人为善的方法却是相同的，也离不了仁、义、礼、智、信五常，这样就使得人的修行有了一个明确的价值目标。例如，我国古人习惯于举手相合为礼，而吐蕃及西域的人则是双手垂立为礼，即举手、垂手都是行礼)，要求人守持五戒(五戒中的不杀生戒，相当于儒家五常中的仁；不偷盗戒，相当于义；不邪淫戒，相当于礼；不妄语戒，相当于信；不饮酒吃肉，使人的神志清醒，对智有益，相当于智)。守五戒的人，死后可以避免堕入欲界的地狱、饿鬼、畜生三种恶道中，而能转生于六道的人道之中。如果你的行为属于上品十种善业的范围，并且又能够遵守布施、持戒等规范，那么你死后就能转生于六道的六欲天中；如果你修习四禅和四无色定，那么死后就能分别转生于色界的四禅天中和无色界的四无色天中。(本文的标题只标原人，而不标原天、原鬼、原地狱等，是因为论世界的分类有欲界、色界和无色界的不同，论人死后的转生归趣，则有六道的不同。有些世界层次，像色界和无色界，有些转生之道，像地狱、饿鬼等，并不是世人能感知到的，所以我不说。儒、道二教以天命为本原，以人畜等为天命所派生的现象，那些凡夫俗子连被视为现象的人自身的本质都没有认识清楚，还能去穷究天的本原吗？所以根据儒、道二种俗教的这种实际状况，我在这里只讲原人。因为涉及对佛教思想的完整叙述，所以对三界和六道都加以分析。)

【提 要】

总结人天教之名的意义，及人天教的原人观。此教以人天两途为追求的理想境界，故名人天教。此教以业为人的本原。

【原 文】

故名人天教也[1]。然业有三种[2]：一恶、二善、三不动。报有三时[3]，谓现报、生报、后报。据此教中，业为身本[4]。

【注 释】

[1] 人天教：教名人天，其含义是该教的理想境界是人或天，而不是地狱等。

[2] 业有三种：人的行为有三种，即恶的行为、善的行为和不具有善恶特性的行为，能引起报应的行为是善业和恶业。不动，即不动业，属于色界和无色界的禅定，没有善恶的性质。

[3] 报有三时：即三种报应形式。现报，现世的业在现世立即受到报应；生报，现世的业在下一世（来世）中受到报应；后报，现世的业在后二世或几世才能受到报应。

[4] 业为身本：业是人的本原。

【译 文】

此教以转生于人界和天界为高级的果报，故称为人天教。（但是人所造作的业有三种类型：一是恶业，二是善业，三是没有善恶性质的不动业。业引起的报应从实现的时间看也有三种：一是现报，即现世的报应；二是生报，即在来世中受报；三是后报，即在后二世或多世中才能受报。）根据上述分析，人天教以业为人的本原。

【提 要】

对人天教的原人观提出总体的批评，人天教以业为人的本原，但没有进一步揭示造业和受报的主体。

【原 文】

今诘之曰：既由造业，受五道身[1]，未审谁人造业[2]？谁人受报？

【注 释】

[1] 五道：即地狱、饿鬼、畜生、人、天。
[2] 未审：不知道，不明白。

【译 文】

现在我不禁要对这种原人观提出一些诘难：既然轮回于地狱、饿鬼、畜生、人、天五道中的众生之身是他们造业的结果，那么究竟是谁在造业，谁在受报应？

【提 要】

批评人天教以身为造业的主体，指斥其不知身性是空，身相是假。用小乘教分析致空的方法，认为身只是眼耳手足之类的组合，若论身，只是或论眼，或论耳，或论手，或论足，而没有独立存在的色身，所以不能以身为本。又故意混淆活人和死人的感官区别，以死人的感官不能造业来设难。

【原 文】

**若此眼耳手足能造业者[1]，初死之人[2]，眼耳手足宛然，何不见闻造作？**

【注 释】

［1］眼耳手足：宗密以此表明肉体之身是人的本原，把色身分析为具体的不同部分，以证明身是空，这是小乘佛教的分析致空法。

［2］初死之人：宗密以死人的感官不能造业来否定色、身是造业主体的观点。关于死人和活人的区别，范缜早在《神灭论》中就已经指明，死人之质无知，而活人之质有知，这是根本的差异。宗密为了避开这一点，就使用了“初死之人”的提法，其实初死之人也是无知的死人。宛然：分明，没有差别。

【译 文】

如果说是人的肉体在造业，也就是说，是人的眼睛、耳朵、手脚等身体器官在造业，那么刚刚死亡的人，他的眼睛、耳朵、手脚都和活人没有什么差别，为什么其眼不能见、其耳不能听、其手脚不能行动？

【提 要】

批评人天教以心为人的本原，把心规定为有形状、体积的作为身体器官的心脏，以机械论的观点否认心脏和其他感觉器官之间的内在联系。

【原 文】

若言心作，何者是心？若言肉心，肉心有质[1]，系于身内，如何速入眼耳[2]，辨外是非？是非不知[3]，因何取舍？且心与眼耳手足，俱为质阂，岂得内外相通[4]，运动应接，同造业缘？

【注 释】

[1] 心：宗密在《禅源诸诠集都序》卷一中将心分为四类，即肉团心、缘虑心、集起心和坚实心。肉心：即四类心中的第一种肉团心，是指作为器官的心脏。质：指物体具有的体积、形状、大小等性质。

[2] 速入眼耳：眼耳等感觉器官对事法的认识，必须以心为基础，心是各种感觉器官的主宰，但宗密把心的这种主宰作用又规定为具有质的心脏对外部感官的进入，以此

带有机械论色彩的观点对人天教的原人观提出设难。

[3] 是非：原无，今依诸本补。

[4] 内外相通：以心为内，以眼耳等为外，对外界事法的分别必须由心和外部感官相结合才能进行，但身躯内部的心脏和外部的各感官如何能相结合呢？这涉及认识科学的一系列问题，在当时的科学水平下是难以解决的。

【译 文】

如果说是人的心灵在造业，那么究竟什么是心呢？如果把心界定为肉质的心脏，那么心脏是有形状、体积等特征的，长在人的身体内部，又怎样才能迅速地进入眼睛、进入耳朵，使它们来分辨是非呢？如果连是非都不能区分，人又根据什么来进行选择呢？况且同心脏一样，人的眼睛、耳朵、手脚等感觉器官也都是有形状和体积等特征的，心脏居身体之内，这些器官居身体之外，这内外之间又是怎样联系起来，使身外的器官发挥功能和心一起共同制造各种业呢？

【提 要】

批评人天教以情为人的本原，这是对心为本原观的进一步分析。心可以分为性和情，性是心的本体、心的本质，情是心的作用、心的现象，性是永恒而无生灭的，而情是暂时而常生灭的。

【原 文】

若言但是喜怒爱恶发动身口令造业者[1]，喜怒等情乍起乍灭[2]，自无其体[3]，将何为主而作业耶？

【注 释】

［1］喜怒爱恶：泛指人的情感，是心的本体所决定的精神现象。宗密由此批评人天教的情为人的本原论。

［2］乍起乍灭：乍，暂时的，短促的。情的生灭是无常的，没有规律的，对于顺境，喜爱之情忽然而生，怒恶之情忽灭；对于逆境，则怒恶之情忽然而生，喜爱之情忽灭，情不是永恒的。

［3］自无其体：“其”，原作“甚”，疑为误刻，今依《原人论合解》等本改之。情本身并不具有终极的意义，它必须以性作为自己的本体，所以不能成为人的本原。

【译 文】

如果是人的情感在造业，也就是说，是人的喜怒之情、好恶之情使自己的身体和嘴巴去造业，然而人的喜怒好恶等情感是没有恒常性的，会忽然产生又忽然消除，本身没有内在的本体，其又以什么为基础来造业呢？

【提 要】

批评人天教以身和心合一为人的本原，认为肉身死后，心也随之而灭，不可能再受所造善恶诸业的报应了；没有受报的主体，则说明所论的造业主体是不当的。

【原 文】

**设言不应如此别别推寻[1]，都是我此身心能造业者[2]，此身已死[3]，谁受苦乐之报？**

【注 释】

[1] 别别推寻：把身和心分别开来加以分析。宗密把身作为人的本原，又把心作为人的本原，都是根据人天教的理论逻辑而做的推理。实际上，人天教本身并没有这样明确的观点。

[2] 身心能造业：以身和心作为人的本原。

[3] 此身已死：如果肉身死去，那么身心的统一体就不存在了，也就不能成为本原了。

【译 文】

如果说不能这样用分别考察的方法来分析造业受报的主体，而应该从身心统一的角度来考虑这个问题。色身和精神的统一是造业受报的主体，既然如此，当人死亡肉体消失之后，这种色身的统一体也不存在了。在这种情形下，又有谁来承受或是痛苦或是快乐的果报呢？

【提 要】

进一步批评人天教以因果报应论为基础的人的本原的理论，人天教不能解释因果报应中的不合理现象。中国传统的儒、道二教是注重现世生活的，后世的报应，现世中的人是感觉不到的。

【原 文】

**若言死后更有身者[1]，岂有今日身心造罪修福，令他后世身心受苦受乐？据此，则修福者屈甚[2]，造罪者幸甚[3]，如何神理如此无道[4]？**

【注 释】

[1] 死后更有身：指人死之后复生，心可以和这个轮回再生的肉体再度结合而成为人的本原。

[2] 屈甚：非常冤屈，因为修福的人在其现世的人生中并不能得到相应的善报。

[3] 幸甚：非常幸运，因为造恶业的人在其现世的人生中并没有受到相应的恶报。

[4] 神理：佛教之理，具体指人天教之理。无道：不合理。

【译 文】

如果从轮回的角度论，人死后还会有新的肉体之身出现，那结果必然会是这样的：现世的身心造罪恶之业或福德之业，却是后世的身心去承受相应的或痛苦或快乐的报应，世上怎么会有这样的道理呢？这样的结果，不是使今生修福德之业的人大受委屈，而使今生造恶业的人极为幸运了吗？神圣的教义为什么会这样不讲道理呢？

【提 要】

通过上述批评得出结论，人天教以业为人的本原，并没有达到对人的终极本原的认识。

【原 文】

故知但习此教者，虽信业缘[1]，不达身本[2]。

【注 释】

[1] 业缘：以业为人的本原。

[2] 身本：人的本原。

【译 文】

由此可知，修习人天教者，虽然信奉以业为人的本原，但并没有真正探究到人的终极本质。

【提 要】

批评小乘教的原人观。此教以色、心二法和贪、嗔、痴三毒为人的本原，比人天教要进了一层。人天教执我为有，小乘教认为我是色（肉体）和心（精神）经因缘的虚假组合而成的，本质上是空，表现出来的只是假象。无明众生不懂我空之理，执空幻之我为实我，产生我执，在此基础上形成三毒；三毒熏习身、口、意，形成三业。业为人和世界的本原，既是人生死轮回的原因，也是自然界生灭变化的原因。

【原 文】

小乘教者[1]，说形骸之色[2]，思虑之心[3]，从无始来[4]，因缘力故，念念生灭[5]，相续无穷[6]，如水涓涓[7]，如灯焰焰[8]，身心假合[9]，似一似常[10]。凡愚不觉[11]，执之为我[12]，宝此我故[13]，即起贪、贪名利以荣身[14]。嗔、嗔违情境，恐侵害身[15]。痴非理计校[16]。等三毒[17]，三毒击意[18]，发动身口[19]，造一切业。业成难逃[20]，故受五道苦乐等身，别业所感[21]。感三界胜劣等处[22]。共业所感[23]。于所受身，还执为我，还起贪等，造业受报。身则生老病死，死而复生[24]，界则成住坏空，空而复成[25]。

【注 释】

［1］小乘：梵文 Hīnayāna 的意译，是印度佛教发展至大乘佛教时期，大乘佛教对原始佛教和部派佛教的贬称，而学术界沿用这一称呼，则并无贬义。小乘和大乘佛教之间的主要区别表现为：小乘佛教只承认一个教主，即释迦牟尼佛，而大乘佛教则讲十方三世的无数佛，并把佛神化；小乘以个人的解脱为修行的目的，大乘则以拯救众生为理想；小乘讲我空法有，大乘讲我法皆空；小乘修戒、定、慧三学，大乘则修六度。

［2］形骸之色：指人的肉体。

［3］思虑之心：指人的精神。

［4］无始：从时间的角度看，没有一定的开始，指先天性。

［5］念念生灭：指心识刹那起灭，没有永恒性。

［6］相续无穷：指心法和心所法在因缘的作用下前生后灭，没有间断。

［7］如水涓涓：像涓涓流水，虽不断，但前流并非后流，比喻心法和心所法的相续无穷。

［8］如灯焰焰：如焰焰灯火，虽一焰不息，但前焰并非后焰，比喻心识的念念不断。

［9］假合：虚假的结合，由于因缘的作用而暂时组合在一起，并非有机的结合。

［10］似一似常：似一而非一，似常而非常。一，指不变的统

一体，因缘和合而成的“我”看似为不变的统一体，其实是各种条件虚假的结合体。常，指永恒、恒常，因缘和合而成的“我”看似是永恒的，其实也是刹那生灭的。

[11] 凡愚：凡夫和愚笨的人，指迷而不悟的众生。

[12] 我：梵文 ātman 的意译，音译为阿特曼，原意指呼吸，佛教中转义为生命、自己、身体等义，相当于自我、物体的自性等义，即人和事物内在的主宰者，分人我和法我两种。单独的“我”，常常指人我，即把自我当作不变的实在或主体。

[13] 宝：以某物为宝贝，有爱惜、执着、痴迷之意。

[14] 荣身：使“我”得荣耀，满足“我”的荣耀。“身”字，鸡园刻经处本等作“我”，“我”和“身”（身体）常常在同一个意义上使用。

[15] 侵害身：“身”字，《原人论解》《原人论合解》等本均作“我”字。使我受到侵害。

[16] 非理计校：执着于不符合佛教真理的邪见。

[17] 三毒：指贪、嗔、痴三种烦恼，这三者对人的祸害，如同鸩毒，故称三毒。它们是产生其他烦恼的根本，也称根本烦恼。贪是贪欲，贪图名利，以使我荣耀。嗔是嗔恚，即发怒，担心“我”受到侵害而发怒。痴是愚痴，以不符合佛教教义的邪见去计较，以维护“我”的利益。

[18] 击意：击，有熏习之义，熏习意识，造意业。三毒为能熏，意为所熏。

［19］发动身口：意业进一步熏习“我”的行为和语言能力，造身业和口业。

［20］难逃：难以摆脱报应的结果。

［21］别业：众生所具有的各自的业因，特殊的业。众生因为这种业而有五道不同的果报。

［22］三界：即欲界、色界和无色界。欲界是具有食欲和淫欲的众生所居住的世界，色界是在欲界之上已脱离此二种欲望但仍离不开色（物质）的众生所居住的世界，无色界是在色界之上没有形色的众生所居住的世界。

［23］共业：众生所共同的、表现为共同形态的业，由此可以引起共同的报应。

［24］生老病死，死而复生：由于执着于“我”而产生的生命的轮回，关于这一点，小乘教以十二因缘理论说明。

［25］界：即三界。成住坏空，空而复成：指众生所住三界的生灭循环。成，指成劫，世界及有情众生的产生期；住，指住劫，世界及有情众生的存在期；坏，指坏劫，世界及众生的毁坏期；空，指空劫，世界坏灭后的虚空。在空劫的基础上，又开始新的世界。

【译文】

小乘教教义的基本内容是：作为肉体的色和作为精神的心，由于因缘的作用，先天就具有不断生灭、前后相续、无尽无穷的特性。心的方面，前念灭而后念生，如同灯火中的火焰，后焰接前焰，焰焰不绝；色的方面，也是前生后灭，相续不断，如同河溪中的水流，涓涓不断。色身和心识两者虚假地结合在一起，看似为一个完整的统一体，其实并不是内在的统一。看似永恒的统一体，其实没有永恒性。那些凡夫和愚笨的人不了解身心相结合的这种特征，而执着于这种统一体为实有的自我，而非常爱惜它，所以就产生了贪欲（贪图名利以使这个自我得到荣耀）、嗔恚（因担心自我的利益受到侵害而发怒）、愚痴（以与佛教教义相违的错误观点去计较自身利益的得失）三种鸩毒般的烦恼。这三种剧毒的烦恼又熏染人的意识，进一步影响人的语言和身体，造成种种行为之业。这些业一旦完成，就难以逃脱它们所产生的后果，所以就有在此基础上众生承受的地狱、饿鬼、畜生、人、天这五道中或是痛苦或是快乐的轮回之身（这些都是由众生所做的别业，即具有特殊性质的业所决定的），生在欲界、色界、无色界中或好或差的地方（这些都是由众生所做的共业，即具有共同性质的业所决定的）。众生还是不知道自己已经转生的处在特定世界中的生命形式的内在本质，还是加以执着，视其为实我，因此又生起贪欲等烦恼，再次受到所做的各种行为的果报。这样，人就经过生老病死、死而复生的轮回，世界则经过生成、存续、坏灭和虚空四劫，再从虚空中重新生成的循环往复。

【提 要】

揭示小乘教的自然观和社会历史观，首先阐述自然界从空至有的变化。宇宙之初，是前一劫留下的空，称空轮；空中因业而起风，称业风，业风回旋，形成风轮。这是最初的混沌。风轮之上是水轮，风的运动形成云气，云气中包含雨水，雨水下落，形成水轮。由于风的作用，雨水之上形成金轮。水轮与金轮构成金刚界。风吹水轮，水气中轻清的部分上升为天，粗重的部分凝为地，形成器世间。这个天地的形成过程，历时一个增减。这是佛教自然观的体现。

【原 文】

从空劫初成世界者[1]，《颂》曰[2]：空界大风起[3]，傍广数无量，厚十六洛叉[4]，金刚不能坏[5]，此名持界风[6]。光音金藏云[7]，布及三千界，雨如车轴下[8]，风遏不听流[9]，深十一洛叉，始作金刚界[10]。次第金藏云，注雨满其内，先成梵王界，乃至夜摩天，风鼓清水成[11]。须弥七金等[12]，滓浊为山地[13]，四洲及泥犁[14]，咸海外轮围[15]，方名器界立[16]。时经一增减[17]。

【注 释】

［1］空劫：指世界坏灭之后，下一个世界还没有形成的空漠期，分二十个小劫。初成世界：成指成劫，即世界与有情众生的产生时期，成劫之初。

［2］《颂》：宗密根据《阿毗达磨俱舍论本颂》（玄奘译本）中的相关思想而作的颂文，详细内容见《俱舍论》。

[3] 空界：这里指四轮中的空轮，处于最下的一层。大风起：对风轮的描述。风轮，由有情的业力在空轮中生起。其面积无限大，厚十六洛叉，其质体坚密无比，如果用金刚轮奋力撞击它，金刚破碎而风轮不坏。

[4]洛叉：梵文 laksa 的音译，古代印度的数量单位，意为十万，又为亿。

[5]金刚：原指印度人随身携带的锋利小刀，佛教中常指牢固、锐利、无坚不摧等意。

[6]持界风：风能保持水，使水轮中的水不致流散，是风的四种作用之一。

[7] 光音：指光音天，二禅中的第三天，又称水无量天。此天身长八由旬（古印度以帝王一日行军的路程为一由旬，三十里），寿八大劫，以喜悦为食，自然光明。金藏云：金藏，是一种云的名称，呈金色，其中充满了水，升到光音天时，降雨如注，在风轮上形成水轮，水轮深八亿洛叉。由于风的作用，雨水在水轮之上又吹结成一层坚硬的结构，为金轮，厚三亿二万洛叉，两轮合而有十一亿二万洛叉。

[8]车轴：比喻雨水之大，雨滴大如车轴。

[9]风遏不听流：风轮中的大风吹刮雨水，并保持雨水不让其到处流散。

[10]金刚界：由水轮和金轮组合而成。

[11] 先成梵王界，乃至夜摩天，风鼓清水成：梵王界，亦称

大梵天，初禅第三天，是初禅三天之王。夜摩天，欲界六天中的第三天，此天光明灿烂，昼夜不分，居住其中时时刻刻都能享受不可思议的欢乐。清水，雨水中清轻的部分。夜摩天之上都是虚空世界，自夜摩天以下，为物质世界和有情众生存在的世界。风吹落金轮上的雨水，清者上升，自上至下，依次形成色界初禅三天，以及欲界空居四天，即化自在天、乐变化天、兜率天和夜摩天。

[12] 须弥七金等：泛指须弥山和七金山等所组成的世界，与形成诸天的清水相比，这些都是由较浊的雨水所形成的。须弥，即须弥山，梵文 sumeru 的音译，意译为妙高山等。山高八万四千由旬，山顶为帝释天，统摄忉利天；山的中部为四天王天，周围有七香海、七金山、咸海、铁围山等。这些都建立在金轮之上。七金，指七金山，即在七香海外围绕须弥山的七座金山，从里至外依次是踰健陀罗山、伊沙驮罗山、竭地洛迦山、苏达犁舍那山、安湿缚羯拏山、毗那怛迦山、尼民达罗山。

[13]滓浊为山地：雨水中的粗重部分凝为其他山和土地。

[14]四洲：指处于咸海中的四大部洲，即东方的胜身洲、南方的赡部洲、西方的牛货洲和北方的俱卢洲。泥犁：地狱，有不可乐之义，没有一切喜乐，处于极苦之中，是欲界中最低的一层。

[15]咸海：七金山和铁围山之间的一个大海，海水味咸，故名咸海。外轮围：指围绕着咸海的铁围山，由铁构成。

[16]器界：指自然界，是由山河、大地、草木等无情物所构成的世界。

[17]一增减：指一个小劫的时间（一说一增一减分别是一小劫，一增一减合为一中劫），人的寿命从十岁时起，每百年增一岁，一直增加到八万四千岁，为一个增劫；每一百年减一岁，从八万四千岁一直减到十岁，为一个减劫。如此一增一减共一千六百八十万年。

【译 文】

关于世界从虚空中产生的最初情形，我用这样的颂文来描述：空轮之上起大风，风轮面积无限，其厚十六洛叉多，坚固如金刚摧不坏，这就叫作持界风。光音天中金藏云，广布三千大世界，车轴大雨纷纷下，风吹雨水不乱淌，八洛叉深水轮成。风吹水轮成金轮，金轮厚度三洛叉，水轮金轮组合成，十一洛叉金刚界。光音天中金藏云，大雨注满诸天界，风吹雨中轻清水，先后形成各层天，先有大梵天生成，依次而至夜摩天。风吹雨中重浊水，形成大地山水等。又有须弥世界成，高高须弥山之顶，忉利天主是帝释，四天王天居山腰，周围七香海环绕，七香海外七金山。七金山外有咸海，四大部洲居海中，洲中又有多层分，地狱居于最底层。咸海之外铁围山，无情器界终形成。

【提 要】

阐述人类的出现、社会的产生、国家的建立等一系列观点，是佛教历史观的体现。人从光音天堕入器世间后，神秘性逐渐消失，饮食结构开始变化，从起初吃地上的地衣等低等菌类，发展到吃树木藤枝上的果类，再吃野生的稻米之类。至此，人从抽象的、男女未分的状态演化为有男女性别之分，有了世俗之人的各种生理功能。人类的出现，又使得社会秩序得以形成。野生稻米吃尽后，出现了人工栽培技术，在此基础上产生了对粮食等财富占有的不均，社会出现了不平等。于是需要君主的管理，并相应地建立了一整套标志身份秩序的社会制度，国家便产生了。这一过程需要十九个小劫，加上前面一小劫的宇宙起源和天地分化的过程，共二十小劫，称为成劫。

【原 文】

**乃至二禅福尽，下生人间[1]，初食地饼林藤[2]，后飡粳米不销[3]，大小便利[4]，男女形别[5]，分田立主[6]，求臣佐等[7]，种种差别[8]。经十九增减[9]，兼前总二十增减[10]，名为成劫。**

【注 释】

[1] 二禅：指二禅天。人间：指欲界。人从二禅光音天下降到欲界，有一个变化过程：刚下生时，人还是身带光明，以喜乐为食，后来随着食物结构变化，光音天人也就变为有世俗欲望的人。

[2] 地饼：亦称地皮，指地衣等菌类。林藤：这里指树木和

藤蔓上的果实。

[3] 飡：《原人论解》《原人论合解》等本子均无此字。粳米：指野生的稻米之类。不销：稻米比以前的地饼等食物更粗，不易被身体全部吸收。

[4] 大小便利：指消化食物后形成的大小便。

[5] 男女形别：为了使大小便得以排出，而有男女不同的生理器官，形成男女的差异。此段意思，《俱舍论》卷十二中载为："此食粗故，残秽在身，为欲蠲除，便生二道，因斯遂有男女根生。"

[6] 分田立主：男女差别出现后，人的罪恶意念随之产生，有了淫欲、贪欲等。因为贪欲，人人争相抢割稻谷，蓄积自用，称为分田，并以强凌弱。为了制止这种现象，大家推举出一位君主来管理土地，由众人供养君主，称为立主。

[7] 求臣佐等："等"字，《原人论解》《原人论合解》等本均无。君主一人不能单独管理国家，于是确立了一套官僚制度来帮助其进行管理。

[8] 种种差别：于是有了君臣之别、官民之别，以及其他各种社会差别。

[9] 十九增减：人、社会、国家的形成，共历时十九个小劫。

[10] 二十增减：整个成劫，包括器世间的产生和有情世间的产生，共需二十个小劫。

【译 文】

这一过程经历了一个小劫的时间，一直到二禅光音天中的生命享尽了福报，就要降生在六道中的人道。刚下生时，这种人还带有在天上时的神通，身上有光，可以飞行，以欢喜和快乐为食，后来就吃地上的地衣等菌类。这样一来，人身上原有的神通也就消失了，不再有光明了，世界陷入黑暗，器世界于是有日月星辰的出现。菌类吃尽以后，地上长出树木和青藤等，这又成为人类新的食品。后来又出现了野生稻，这种粳米十分粗糙，不能被人体完全吸收，消化后的残物需要排出，便有了大便和小便等排泄物，于是又形成了排泄口，男女的差别出现了。男女的差别出现后，人就有了各种欲望，比如淫欲和贪欲等。由于贪欲，人人争相抢割稻谷，储存起来自己享用，抢夺田地，以强凌弱。为了制止这类现象，众人就推选出君主来进行社会管理，但靠君主一个人并不能管理好社会，于是又建立一套官僚制度来帮助君主进行管理，这就有了社会身份的等级差别。有情世界中这种人，以及社会和国家的形成，总共经历了十九个小劫，加上前面所讲的器世界所需一小劫的形成时间，这个成劫总共历时二十小劫。

【提 要】

宗密将小乘教的宇宙论和道家的宇宙论相比，以显佛胜儒、道，也蕴含了对儒、道的批评。空劫中所讲的空，相当于道家所说的道，但这里所说道家的空，是绝对的空无，不包含有；作为人的本原的道，却不能只是空无，而应该具有寂知的本性。老子要么是不懂得道必须具有寂知本性，要么只是权且以这样的空无之道来根治人的种种欲求。这是宗密对老子大道生成论的批评。

【原 文】

议曰[1]：空界劫中，是道教指之云虚无之道[2]，然道体寂照灵通[3]，不是虚无[4]，老氏或迷之[5]，或权设务绝人欲[6]，故指空界为道。

【注 释】

[1] 议：指宗密将小乘教的宇宙观和道家的宇宙观进行比较，而对两者加以评议，批评道家的原人论。

[2] 之：《原人论合解》本、《大正藏》所收明本等均无此字。

[3] 寂照灵通：宗密认为，作为人的本原的道，应该是以寂知为本体的，虚空并不是道的终极本质。虚空体上，本有灵灵知见，这种具有灵知的道，宗密就称为真心，或本觉真心。

[4] 不是虚无：寂知之道和空劫中的虚无是不同的。

[5] 老氏：指道家始祖老子。或：要么，或者。迷之：老子执空无之道为人的本原，不能以非有非无论道，不能以

灵知论道，是为迷而不知道。

［6］权设：权宜施设。务绝人欲：老子强调绝欲去知，也许是用人本原的空无之性这一权宜之说，来阐明人欲的空，以去除人欲。

【译 文】

对小乘教的这种观点，有必要将其和儒、道二教关于宇宙、社会和人的本原的观点加以比较：小乘教中所讲的空轮，相当于道教指谓的具有虚无特征的大道。但作为本原的大道，应该具有空寂和灵知的特点，并不是如道教所讲的虚无。老子要么是不懂得道的这种特征，要么是他把虚无的道的理论作为一种权宜之理，以此来断绝人的各种欲望。

【提 要】

将小乘教的宇宙观和儒、道二教的元气论的原人论相比，揭示其相同点。空界之上的风轮，类似于儒、道所讲的混沌未分的元气。从空轮到风轮的演化，类似于老子所谓“道生一”的过程。金藏云是元气分化的起点，类似于儒家所讲的太极。金藏云本身属阳气，其中含有的大雨，即是阴气；大雨不停地下，构成水轮，水轮本身属阴气，但也包含着阳气。阴阳二气的结合，是万物产生的始基。

【原 文】

空界中大风[1]，即彼混沌一气[2]，故彼云道生一也[3]。金藏云者，气形之始[4]，即太极也[5]。雨下不流[6]，阴气凝也[7]，阴阳相合[8]，方能生成矣。

【注 释】

［1］大风：指风轮。

［2］混沌一气：风轮中的大风，就相当于儒、道的阴阳未分的元气。

［3］道生一：从空轮到风轮的演化，就相当于老子的道生一的过程。

［4］气形之始：把金藏云和元气相比附，则金藏云是最初状态的元气，金藏云本身属阳气，其中包含的雨水则属阴气。

［5］太极：指阴阳二仪未分化状态下的本始之气，和金藏云相似。

［6］雨下不流：即前文《颂》中所指“雨如车轴下，风遏不听流”。

［7］阴气凝：雨水从金藏云中落下，由于风的保持作用，雨水没有流散，凝聚而成水轮。水轮属阴气，雨水中的清轻部分属阳气。

［8］阴阳相合：金藏云和水轮都是阴阳二气合一而未分的状

态。另一含义指阴阳二气的结合，由此而能生化万物。

【译 文】

空轮上生起的风轮，相当于儒、道二教所讲的混沌一体的元气，所以道家有“道生一”的说法。小乘教所讲的金藏云，相当于儒、道所说的元气的本始状态，也就是所谓的太极。金藏云中雨水下个不停，由于大风的保持作用，雨水并不会到处流淌，这个过程相当于儒、道所讲的阴气的凝聚阶段。阴气和阳气相互作用，才有万物的生成。

【提 要】

阴阳二气的运动，使天地生成，清轻之气飞升为天，即色界梵王天等、欲界夜摩天等；重浊者凝为地，即器界中四大部洲等。这与道家的一生二说相似。天地既形，人生其间，二禅福尽，下生欲界为人，这与道家的二生三说相似。天、地、人三才具备，于是地饼、林藤、粳米等先后生成，男女分化，君臣确立，这和道家的三生万物说相似。

【原 文】

梵王界乃至须弥者，彼之天也[1]，滓浊者，地也[2]，即一生二矣[3]。二禅福尽下生，即人也[4]，即二生三[5]，三才备矣。地饼已下，乃至种种，即三生万物[6]。

【注 释】

[1] 天：小乘教中所讲的色界二禅中三天、一禅中三天，欲界中化自在天、乐变化天、夜摩天，须弥山顶的帝释天、七金山等，就相当于儒、道所讲的天。

[2] 地：小乘教中所讲的由风吹雨水中的重浊部分而形成的大地，如四大部洲之类，就相当于儒、道所讲的地。

[3] 一生二：从合阴阳二气于一体的金藏云，经过水轮、金轮，进而形成梵王界、夜摩天等诸天，四大部洲等土地，就相当于道家所讲的一生二。一是混沌元气之一，二是阴阳二气之二，或天地之二。

[4] 人：小乘教中所讲的人从二禅光音天降入欲界，从具有神通的人变化为具有世俗欲望的人，这就相当于儒、道所讲的人了。

[5] 二生三：从光音天、夜摩天等天，四大部洲等大地的出现，到欲界中人的产生，就相当于儒、道所讲的二生三，三是指天、地、人三才。

[6] 三生万物：小乘教中所讲的人下降欲界后，饮食习惯改变，男女分化，私有观念产生，国家最高管理者出现，官僚体系形成，以及种种社会差别出现，就相当于儒、道所讲的三生万物。

【译 文】

由梵王界到须弥山等各个层次形成的天界，相当于儒、道所讲的天。由雨水中的粗浊之气所形成的四大部洲等器世界，相当于儒、道所讲的地。至此，也就相当于道家所讲的一生二的阶段。

光音天中的生命在享尽二禅天中的福报后下生人道的过程，就相当于儒、道所讲的人产生的过程。也就是说，相当于道家所讲的二生三，至此，天、地、人三才都具备了。

【提 要】

以佛教理论分析早期人类史及社会史，显儒、道在这方面论述之粗略。这一段上古史，在中国史书中，只有一些传说，略记大概，只知人穴居野处和生食之类，没有更详细的说明，而佛教则不同，载之甚详。

【原 文】

**此当三皇已前[1]，穴居野食，未有火化等[2]，但以其时无文字记载，故后人传闻不明，展转错谬，诸家著作，种种异说[3]。**

【注 释】

[1] 三皇：传说中的远古帝王，有多种不同的说法，一说指伏羲、神农、黄帝。

[2] 火化：传说燧人氏钻木取火，在此之前，人都是吃生食。

［3］种种异说：关于天地人等，中国古代典籍中充满各种不同的说法，比如宇宙论就有盖天说、浑天说、宣夜说等。

【译文】

从人起初吃地衣等菌类，到后来种种社会差别出现的过程，就相当于道家所说的三生万物。这一时期也就是伏羲、神农、黄帝三皇出现以前的阶段。那时候的特点是，人都过着穴居的生活，吃的是野生的生冷食物，因为火还没有出现。诸如此类，不一而足。由于当时没有文字记载，只有后人的一些传闻，而这些传闻又很不清楚，也包含许多错误，辗转相传，以至于各种作品的相关记载有着不同的说法。

【提要】

佛教和儒、道二教有相同之处，但并不完全相同。佛教所讲的宇宙观，并不局限于现世一瞬，而广至三千大千世界。这三千世界，其实也只是佛教所论世界的沧海一粟，儒、道二教则局限于六合之间、现世之内，视野不同，教理也有别。

【原文】

佛教又缘通明三千世界[1]，不局大唐[2]，故内外教文，不全同也。

【注 释】

[1] 三千世界：即三千大千世界。以须弥山为中心，以铁围山为界，同一个日月所照耀的世界，是一个小世界；一千个这样的小世界，是一个小千世界；一千个这样的小千世界，是一中千世界；一千个这样的中千世界，是一个大千世界。因为大千世界中包括小、中、大三种“千世界”，故称三千大千世界，简称三千世界。

[2] 不局大唐：不局限于唐代，意指不局限于唐朝的国土。按照佛教的说法，我们所居住的四大部洲中的南赡部洲，有十六个大国、五百个中国、十万个小国，而华夏中国并不在这十六个大国之内。

【译 文】

再说，佛教还讲三千大千世界，并不是像儒、道那样局限于唐朝一个国度，所以内外典籍在这一方面的有关记载并不是完全相同的。

【提 要】

前一成劫详述宇宙的起源和人类的产生，这里简述住、坏、空三劫，四劫合为一大劫，每劫均经二十小劫。其中的坏劫，前十九小劫是因各种灾害而导致有情世间的坏灭，后一个小劫是器世间在水、火、风的破坏下而坏灭，坏灭之后，成为空劫。

【原 文】

住者，住劫[1]，亦经二十增减。坏者，坏劫[2]，亦二十增减，前十九增减坏有情[3]，后一增减坏器界，能坏者[4]，是水、火、风等三灾[5]。空者，空劫[6]，亦二十增减，中空，无世界及诸有情也。

【注 释】

[1] 住劫：成劫之后，器世间和有情世间的存续期也经历二十个小劫的时间。到住劫中的最后一个小劫时，会先后出现饥馑、疾病和兵灾，为小三灾。人寿减至三十岁时，有饥馑起，历七年七个月又七日，饿死无数。人寿减至二十岁时，有病疫起，历七个月又七日，人多病死。人寿减至十岁时，有刀兵灾起，历七日七夜，草木都化为刀，人死无数。

[2] 坏劫：器世间和有情世间的坏灭期，也历二十个小劫。在前十九个小劫中，从色界初禅天到欲界最底层的地狱，各有情众生或者生于二禅天之上，或者转移到其他界，不留一人，这是有情世间的坏灭。最后一个小劫，则是器世间的坏灭。

[3] 有情：有生命的众生。

［4］能坏：指坏灭世界的主要方式。

［5］三灾：相对于住劫中的小三灾，这里是指大三灾，即火、水、风三灾。先起火灾，同时出现七个日轮，将下自地狱、上至初禅天中的一切烧毁；又起水灾，将下自地狱、上至二禅天全部淹没；再起风灾，将下自地狱、上至三禅天中的一切全部吹散。

［6］空劫：世界的虚空时期，经三大灾破坏后，世界中只有虚空，也经历二十个小劫。

【译 文】

“住”，指的是住劫，历时二十个小劫；“坏”，指的是坏劫，也历时二十个小劫。其中，前十九个小劫的时间是有情世界毁坏的过程，后一个小劫的时间是器世界毁坏的过程。毁坏有情世界和器世界的主要手段是火、水、风三种灾害。“空”，指的是空劫，也历时二十个小劫，空劫中不存在有情众生和无情的器世界。

【提 要】

小乘教以轮回论世界，世界从成劫，经住劫、坏劫而至空劫；空劫之后，又有成劫的产生，轮回不断，循环无穷。这是小乘教循环论的宇宙观和世界观。

【原 文】

劫劫生生[1]，轮回不绝，无终无始，如汲井轮[2]。

【注 释】

[1] 劫劫生生：从劫至劫，生死不绝。
[2] 汲井轮：井台上汲水用的转轮，比喻循环无穷。

【译 文】

就这样，世界从成、住、坏、空的一个大劫到另一个大劫循环，人则是从生老病死的过程到另一次的生老病死轮回，无始无终，永不断绝，就像井台上汲水用的转轮，旋转不绝。

【提 要】

通过对小乘教和儒、道二教的宇宙观和社会历史观的比较和分析，我们可以看出，道家只知道人的本原是空，从空无中生有，却不知道在这个空无之前已有了无数次的生灭循环。由此说明小乘教的学说要比儒、道深刻得多，这也是对儒、道原人观的补充批评。

【原 文】

道教只知今此世界未成时一度空劫，云虚无、混沌一气等，名为元始[1]，不知空界已前，早经千千万万遍成住坏空，终而复始。故知佛教法中，小乘浅浅之教[2]，已超外典深深之说[3]。

【注释】

[1] 元始：原作“无始”，《原人论解》《原人论合解》《大正藏》所收明本及鸡园刻经处等本均作“元始”，今依诸本改。

[2] 浅浅之教：宗密把人天教、小乘教、大乘法相教、大乘破相教都判为偏浅之教，而小乘教则是浅中之浅。

[3] 深深之说：指儒、道之说，儒、道关于三教关系的看法都以本教为深，余教为浅。

【译文】

道教只知道现在这个世界在它还没有形成时的那一个空劫，而说虚无、说混沌一气等，并称其为“元始”；却不知在这个空劫以前，早就经过了千千万万次的成住坏空、空而又成的循环。由此看来，在佛教的教法中，仅仅是十分浅显的小乘教，就超过外教中被视为十分深奥的教门。

【提要】

小乘教以分析致空法来证明人无我，从而否定了人天教以人为实有的我执。具体的方法是，将整体的我分为各个部分的我，再将整体的我等同于部分的我，以一我成多我的荒谬性来否定我的实有性，而成我空。首先将一我分析成八我，如果执着于我，则应执八我中哪一个我呢？

【原 文】

都由不了此身本不是我[1]，不是我者，谓此身本因色、心和合为相[2]。今推寻分析[3]，色有地、水、火、风之四大[4]，心有受、能领纳好恶之事。想、能取像者。行、能造作者，念念迁流。识能了别者。之四蕴[5]，若皆是我，即成八我[6]。

【注 释】

[1] 不是我：没有自性，不是实有的存在。

[2] 色、心：我是由物质（色）和精神（心）两大要素相结合而构成的。和合：相互结合，相互作用。

[3] 推寻分析：小乘教在证明我空时，将构成人的各种要素做层层分析，分析成各个具体的要素，人只是这些要素的组合，并无实体。此为分析致空法。

[4] 四大：原无“大”字，今依《大正藏》所收明本和鸡园刻经处本补。构成人的物质要素，又是由地、水、火、风四大元素所组成的。四大具有持（保持）、摄（摄集）、熟（成熟）、长（生长）的作用，又各自具有不同的特

点，地性坚，水性湿，火性暖，风性动。

[5] 四蕴：原无“蕴”字，今依《大正藏》所收明本和鸡园刻经处本补。蕴，是梵文 skandha 的意译，有积聚、类别等意。佛教中有五蕴，除去其中的色蕴，即受、想、行、识四蕴，他们构成人的精神性要素。受蕴，受（梵文 vedanā）的作用是感受，指感觉或单纯的感情。把这些感受集合起来，是受蕴。想蕴，想（梵文 saṃjñā）的作用是形成知觉、表象、概念等，是认识所直接反映的影像。把这些作用积聚起来，是想蕴。行蕴，行（梵文 samsakāra）具有造作和迁流两种含义，它的作用是形成意志、意念等思维活动，也指受、想外的心的一般性活动。这些活动的积聚，就成行蕴。识蕴，识（梵文 vijñāna）的作用是缘虑、思量、了别、积累和保持经验等，是精神作用的主体，也称为心王。把这些作用积聚起来，就构成识蕴。

[6] 八我：四大、四蕴合而成八。假如执着我为实有的话，则一我就变成了八我。

【译 文】

人之所以会陷入这样的轮回，世界之所以会陷入这样的循环，都是由于人不知道自身并没有确定的内在自我。为什么说没有内在的自我呢？因为人从本质上讲是由肉体的色身和精神的心灵组合而成的，现在对色身和心灵做进一步分析。色的部分则又由地、水、火、风四种元素组成，心的部分则由受（指人的好恶等感受）、想（能形成知觉、表象、概念等认识，是认识直接反映的影像）、行（产生意志、意念等思维活动，念念不停留）、识（能思虑、辨别认识的对象）四蕴组成，如果都是自我的话，这不就有了八个自我了吗？

【提 要】

继续对八我中的要素加以分析，它们又都是由许多要素所构成的，层层分析下去，将有无数的要素，由此，一个我就变成了无数个我。如果要执着我为实有，究竟应该执着哪一个我？以此进一步证明我空。

【原 文】

况地大中复有众多，谓三百六十段骨，一一各别，皮毛筋肉，肝心脾肾，各不相是[1]。诸心数等[2]，亦各不同，见不是闻，喜不是怒，展转乃至八万尘劳[3]。既有此众多之物[4]，不知定取何者为我？若皆是我，我即百千，一身之中，多主纷乱[5]，离此之外，复无别法。

【注 释】

[1] 各不相是：在构成我的物质要素的地大中，还可以分析出许多具体的组成部分，每个部分各有特点，各不相同，

皮不是毛，毛不是肉。其余水、火、风三大要素，也可照此分析。

[2] 心数：亦作心所、心所法、心所有法，是心所具有的相应于心王而生起的各种心理活动和精神现象。其具体的内容，《俱舍论》分为六大类、四十六种，即大地法十种、大善地法十种、大烦恼地法六种、大不善地法二种、小烦恼地法十种、不定法八种。

[3] 八万尘劳：《大正藏》所收明本、鸡园刻经处本等均作“八万四千尘劳”。经中说尘劳有八万四千，宗密言八万，是举其大数。尘劳，指烦恼。烦恼染污，名尘；能乱身心，名劳。

[4] 既：“既”字后原有“此”字，疑衍，《原人论解》《原人论合解》等本中均无，今去之。

[5] 多主纷乱：比喻单一的我被分析成许多个我，都是主宰而形成混乱。

【译文】

况且再进一步分析，色蕴中地这个元素又可以分成许多部分，比如人骨有三百六十块，每一块都有差别，皮肤、毛发、筋、肉、肝、心、脾、肾等身体组织，也各不相同。精神方面的各元素也这样，各不相同，比如眼睛之见这种认识活动就与耳朵之听的活动不同，喜悦的情感就和愤怒不同，辗转相生，人有八万四千种烦恼，各不相同。既然有这么多的不同方面，不知道究竟应该以哪一方面作为自我。如果说这些都是自我，那么就有成百上千的自我，本来只有一个自我，这样一来就有了纷纷乱乱的众多主宰。但是如果离开这些来论人的自我，就是没有自我。

【提 要】

以分析致空法反复证明我不是实有，只是空幻之相，因此，没有了实我，也就没有造业受报的主体。由此明四圣谛、修诸法无我观及八正道等，断灭痛苦烦恼，亲证我空的真理，并依次得预流果、一来果、不还果，直至阿罗汉果位，进入灰身灭智的涅槃寂静境界。

【原 文】

**翻覆推我，皆不可得，便悟此身但是众缘[1]，似和合相[2]，元无我人，为谁贪嗔[3]，为谁杀盗施戒？**知苦谛也[4]。**遂不滞心于三界有漏善恶[5]，**断集谛也[6]。**但修无我观智[7]，**道谛[8]。**以断贪等，止息诸业，证得我空真如[9]，**灭谛[10]。**乃至得阿罗汉果[11]，灰身灭智[12]，方断诸苦。**

【注 释】

[1] 众缘：指组成人我的各种条件，粗说则为色、心二法，

细说则为四大、四蕴等。

[2]似和合相：人我由色、心和合而成，而一一推究色中四大、心中四蕴，都不是我，以这些非我因素的和合，乃是假合。

[3] 为谁贪嗔：责问谁是贪嗔等业的造作主体。既已证明我是空，那么造业的主体也就不存在了。

[4]苦谛：四谛说之第一谛，是关于一切皆苦的真理，认为世俗世界的一切，其本质都是痛苦的。

[5] 有漏：梵文 sāsrava 的意译，指具有烦恼、使众生流转生死的一切法。漏，原意为漏泄，如漏室无法居住，漏器无法使用，转义为烦恼，有流和住两种含义。所谓流，是指形成烦恼的业，使众生从六疮门（即眼耳鼻舌身意六处）中不断地流出不净，造作新的业，流转于生死之中。所谓住，是指众生由于业而留住三界中，不能摆脱生死轮回。

[6] 集谛：四谛之第二谛，指造成世间人生痛苦的原因，即佛教通常所说的业和惑。

[7] 无我观：即观人无我，具体包括无常、苦、空、不净等观法。

[8] 道谛：四谛之第四谛，指超脱人世间的因果关系而达到出世的涅槃之境。修无我观就能证得道谛，具体而言，则有八正道。

[9] 我空真如：关于我空的小乘佛教理论。具体而言，包括

三种无为，即虚空无为（指无边无际、永不变异、没有任何质碍而能容纳一切色法的虚空）、择灭无为（指通过智慧的判断而达到寂灭的境界，断灭烦恼系缚，永不轮回）和非择灭无为（指不是由智慧的判断而显示的寂灭，能永远留在未来位而不再转到现在位中）。真如：佛教各派对这一概念有不同的解释，从一般的意义上看，可以理解为绝对不变的永恒真理或本体。

[10] 灭谛：四谛之第三谛，断灭产生一切痛苦的原因。

[11] 乃至：省略语，得阿罗汉果之前，先依次得预流果（通过思悟四谛之理而断灭三界见惑所达到的最初果位，从此进入无漏的圣道之流）、一来果（通过思悟四谛之理而断灭与生俱来的烦恼所达到的果位，得到这一果位后，仍需一次生天上，一次生人间，才能最后解脱）和不还果（通过修行完全断除欲界的各种烦恼而达到的果位，达到这一果位后，不再还到欲界中去）。阿罗汉果：小乘佛教修行所能达到的最高果位，有三层含义：一是杀贼，杀尽一切烦恼之贼；二是应供，应该受天、人的供养；三是不生，永远进入涅槃，不再轮回生死。

[12] 灰身灭智：灭尽烦恼，使身心都归于无的境界，这是小乘教的最终目的。这种利己的解脱观后来遭到大乘佛教的猛烈批评，被视为一种虚无主义。

【译 文】

所以无论是正面的分析还是反面的分析，都证明并没有这样的自我。所谓的人，只是各种条件的组合体。各种条件虚假地结合在一起，本来没有内在的自我，还有谁去生起贪欲、嗔恚之情，谁去行杀人、偷盗等恶业和布施、持戒等善业呢（能明白这个道理，也就懂得了四谛中的一切皆苦这重真理了）？所以，人也就不必将其心思集中在欲界、色界和无色界中的各种有泄漏的恶业和不完善的善业了（这就知道了四谛中的集谛，即知道了造成痛苦的原因而去断灭它们），而修习人无我等观法（这就是四谛中的道谛，即懂得了什么是佛教的真理），用这些方法来断除贪、嗔、痴等烦恼，停止各种行为，从而体证到了关于我空的真理（这就是四谛中的灭谛，灭除引起烦恼的各种原因），一直达到阿罗汉这个小乘佛教的最高果位，灭尽烦恼，身心都归于无的境界。到这时候，才是真正断绝了人生的各种痛苦。

【提 要】

总结小乘教的原人观，其以色、心二法和三毒为人的本原，相对于人天教的业本论来说，已有深入了。

【原 文】

据此教中[1]，以色、心二法及贪、嗔、痴为根身器界之本也[2]，过去、未来，更无别法为本。

【注 释】

［1］教：《原人论解》《原人论合解》《大正藏》所收明本和鸡园刻经处本等均作“宗”。

［2］根身器界：根，指人的各感觉器官，包括眼耳鼻舌身等。身，指色、心相合的人。器，指物质世界或自然界。

【译 文】

根据以上分析可以知道，小乘教以色和心两种要素，以及贪、嗔、痴三种烦恼为人和世界的本原。不论在过去的世界中，还是在未来的世界中，都不可能有任何别的要素成为人和世界的本原。

【提 要】

对小乘教的原人观提出批评，认为人的本原应该“无间断”，即具有连续性、整体性，但小乘教所讲的色和心，恰恰缺乏这样的性质。在心这个本原中，其中的识蕴，即眼耳鼻舌身五识的产生需要种种条件，意识在有的情况下也会中断。在色这个本原中，无色界中就不存在色。

【原 文】

今诘之曰：夫经生累世为身本者，自体须无间断[1]，今五识阙缘不起[2]，根境等为缘[3]。意识有时不行[4]，闷绝、睡眠、灭尽定、无想定、无想天[5]。无色界天无此四大，如何持得此身世世不绝？

【注 释】

［1］无间断：指永恒性、连续性。

［2］五识：指眼耳鼻舌身五根对色声香味触五境生起的五种识。阙缘不起：五识中每一识的产生都需要一定的条件，如眼识需要九项条件才能产生，这就是空、明、根、境、作意、分别、染净、根本、种子。

［3］根境：根指人的感觉器官，境指作为认识对象的外部存在物。

［4］意识：即第六识，具有综合五识的能力。

［5］闷绝：指昏迷。灭尽定：又称灭受想定，是灭除一切意识作用或精神作用的禅定，是小乘教中得不还果位以上者所修习的禅定。无想定：止息一切想象作用、意识作用的禅定。无想天：修无想定后所得的果报，一说在第四禅八天的广果天中。

【译 文】

现在我不禁要对这种原人观提出责难：大凡能够生生世世作为人的本原的要素，它自身应该具有连续性而没有间断。而在小乘教中作为本原之一的心的要素中，眼、耳、鼻、舌、身五种认识形式如果缺少了一定的条件就不能生成（需要以人的认识器官和认识对象等为条件）；作为第六识的意识有时候就不能产生作用（比如在人昏迷的时候，在睡眠的时候，在灭尽定的禅定中，在无想定的禅定中，在无想天的境界中）。色作为本原之一，而在无色界天中却没有色中地、水、火、风四大要素，这怎么能使人世世代代轮回不绝呢？

【提 要】

总结小乘教以色、心等法作为人的本原，并没有真正揭示出人的本原。

【原 文】

**是知专此教者，亦未原身[1]。**

【注 释】

[1] 原身：即原人，探究人的本原。

【译 文】

由此可见，修习这种小乘教的人，并没有探究到人的真正本原。

【提 要】

大乘法相教所讲的八识种，只有第八阿赖耶识是世界的终极原因、人的本原。阿赖耶识含藏有世界万法的全部种子，这些种子变现万法，万法依种子而有，自性空无。

【原 文】

**大乘法相教者[1]，说一切有情，无始已来，法尔有八种识[2]，于中第八阿赖耶识是其根本，顿变根、身、器界种子[3]，转生七识[4]，皆能变现，自分所缘[5]，都无实法[6]。**

【注 释】

［1］大乘法相教：指印度佛教中的大乘有宗和中国佛教中的法相宗，他们以分析法相的本质见长，主张万法唯识，以阿赖耶识为人的本原。大乘，梵文 mahāyāna 的意译，字面意思为能同时乘载多人的大的车辆，喻指大的教法，能化度众生得解脱。

［2］八种识：眼、耳、鼻、舌、身、意、末那、阿赖耶八识。

［3］种子：摄藏于阿赖耶识中的世界的终极原因，具有刹那灭、果俱有、恒随转、性决定、待众缘、引自果六大特征。

［4］转生七识：前七识是由第八阿赖耶识所变现而成的。

［5］自分所缘：每一识都能缘起各自的对象，眼识缘起色，耳色缘起声，鼻色缘起香，舌识缘起味，身识缘起触，意识缘起法，末那识缘起见，阿赖耶识缘起前七识。

［6］都无实法：万法依识而有，自性空寂，不是实有。

【译 文】

大乘法相教教义的基本内容是：一切有情众生，先天具有眼、耳、鼻、舌、身、意、末那、阿赖耶八种识。在这八识中，第八阿赖耶识是最根本的，此识能顿时变现出人的感觉器官、人自身和无情的器世界的种子，再通过种子转生出其他七种识。七种识又都有变现世界的功能，都能缘起各自的认识对象。因此，万法都是虚幻不实的。

【提 要】

法相宗以阿赖耶识变现万法，是通过现行熏习而实现的。现行熏习种子，使种子产生种种法，万法本性空幻，称为“似我”“似法”。凡夫不懂诸法性空之理，执为实我实法，这就如同病目见物、梦中见物。

【原 文】

**如何变耶？谓我法分别熏习力故[1]，诸识生时，变似我法[2]，第六、七识[3]，无明覆故[4]，缘此执为实我**

实法[5]，如患、重病心昏，见异色人物也。梦[6]梦想所见可知。者，患梦力故，心似种种外境界相现；梦时执为实有外物，寤来方知唯梦所变。我身亦尔，唯识所变，迷故执有我及诸境，由此起惑造业[7]，生死无穷。广如前说[8]。

【注 释】

[1] 我法分别：即我执分别和法执分别，是对我和法的执着。熏习：七转识（即前七识）现行对阿赖耶识进行熏染而施加影响，使阿赖耶识中的种子生长，生起现行。能熏者，即熏习的主体是七转识现行；所熏，即熏习的对象是阿赖耶识中的种子。

[2] 变似我法：阿赖耶识经由七转识熏习而变现出来的我法等现象，只是本性空幻的似我似法。

[3] 第六、七识：即第六识意识和第七识末那识。

[4] 无明：梵文 avidyā 的意译，泛指无知、愚昧，特指由于不懂佛教真理而持的世俗认识。

[5] 实我实法：真实存在的主体之我和真实存在的客体之法。

[6] 患梦：患重病和做梦，在这两种情形下所见的事法都是虚幻不实的。

[7] 惑：烦恼的总称，与无明同义，所以称愚惑，它与业一起被视为轮回的根本原因，所以又称业惑。

[8] 广如前说：指前文述小乘教时所说“宝此我故，即起贪、嗔、痴等三毒，三毒击意，发动身口，造一切业”等语。

【译 文】

那么，识是如何变现世界的呢？法相教认为，由于人对自我和事法的执着，对阿赖耶识中所藏的生起万法的种子进行熏染。阿赖耶识经过这样的熏染后，其中的种子就变现出虚幻的人和万法。第六意识和第七末那识由于被无知污染，执着于这些虚幻的人和万法为实有的人和实有的法，就像那些患了重病的人（患重病的人心里昏沉沉的，会出现一些虚幻的人和事物的影像）和那些做梦的人（做梦的人在梦中能见到各种人和物）。由于生重病的原因，人心中会显现出种种外在境界空幻的形象；由于做梦的原因，人就执着于梦中所见的一切是实有的，醒来一看才知道这都是梦中所变，并不是实有。人也是这样，本是识变现而成的，痴迷的人执着成实有的自我和实有的外部境界，因此有各种烦恼，并造各种的善恶行为，再由这些行为而受相应的各种报应，从而沦落于生死轮回之中，没有穷尽之时（具体的情形如同前面叙述小乘教的原人观时所说）。

【提 要】

大乘法相教以识为人的本原，准确地说，是以阿赖耶识为人的本原。宗密在叙述大乘破相教时对这种原人观进行了批评。

【原 文】

悟解此理，方知我身唯识所变，识为身本[1]。不了之义，如后所破。

【注 释】

[1] 识为身本：识为人的本原。

【译 文】

如果能体悟、理解这种理论，才会明白人只是识所变现而成的，识是人的本原。（这一原人观中不彻底的地方，我将在下文中提出破斥。）

【提 要】

大乘破相教的基本倾向是破斥小乘佛教我空法有论中的法执和大乘法相教中对法相的执着。在具体的破斥中，则是以破大乘法相教为主，通过这种破斥，体现我法皆空之理，并显示出一乘显性教中所持的真性的意义，但显真性又不是通过直接的方式，而是以破相显性，所以称为密显。

【原 文】

大乘破相教者，破前大、小乘法相之教，密显后真性空寂之理[1]。

【注 释】

[1] 密显：间接地显示。大乘破相教通过对大乘法相教之法执的破斥来显示真性的意义，而不是直接显示真性。真性：宗密对人终极本原的描述，是人的真实之性，也称为佛性，是众生成佛的可能性。

【译 文】

大乘破相教的原人观否定了大乘法相教和小乘教对事法的执着，间接地显示了一乘显性教的真性空寂的理论。

【提 要】

大乘佛教中持我法皆空论以破相者很多，就诸大乘类经典而言，《法华经》《华严经》《涅槃经》等都有破相之说，不只是般若类经典讲空。不过般若类经所讲之空，是彻底的空，而且遇情执就破。

【原 文】

**破相之谈，不唯诸部般若[1]，遍在大乘经。前之三教，依次先后，此教随执即破，无定时节[2]。**

【注 释】

［1］诸部般若：指各种般若类经典。般若，梵文 prajñā 的音译，指佛教智慧，特别是关于空的智慧。

［2］无定时节：随时说般若，随时破相，没有固定的时机。

【译 文】

对法相的破斥，各种般若类经典中都有，大乘类经典中普遍有。只要对人的情执有所否定，都是破。前面提到的三教破除人的情执，是有一定的时机的，有时间上的先后，依次而破。大乘破相教则只要有此执着，就随时破斥，没有一定的时机上的限制。

【提 要】

宗密的判教，将论空的大乘破相教判于论心识之有的大乘法相教之后，这种判摄的一个依据就是智光的三时教。这种判摄并不完全符合中印佛教的发展史。

【原 文】

**故龙树立二种般若[1]，一共，二不共。共者，二乘同闻信解[2]，破二乘法执故。不共者，唯菩萨解，密显佛性故[3]。故天竺戒贤、智光二论师各立三时教[4]，指**

此空教[5]，或云在唯识法相之前[6]，或云在后[7]，今意取后[8]。

【注 释】

[1] 龙树：Nāgājuna，约三世纪时人，印度大乘佛教中观学派的创始人。他写下了大量阐述中观思想的著作，有“千部论主”之称，主要作品有《中论》《十二门论》《大智度论》《十住毗婆沙论》《菩提资粮论》等，弟子有提婆等人。二种般若：共般若和不共般若。共般若是通于二乘而与二乘人共同坚持的般若，不共般若是不与二乘人共，只是大乘菩萨具有的般若。

[2] 二乘：声闻乘和缘觉乘，都是指小乘佛法。声闻，梵文śrāvaka 的意译，意为通过听闻佛陀的言教而觉悟。声闻乘人是指那些只能遵守佛的说教修行，以达到自身的解脱为最高的目标，所能得到的最高果位是阿罗汉者，他们最后的境界是灰身灭智的无余涅槃。缘觉，梵文 pratyekabuddha 的意译，亦称独觉，自己觉悟，不从他闻，通过观十二因缘之理而觉悟。信解：坚定的信仰和对佛法的悟解。在进入菩萨十地之前的预备阶段有一个信解行地，在这一阶位中，修行者还没有直观到人无自我、法无自性的真理，但对此理深信无疑。

[3] 佛性：原意指佛陀的本性，后引申为众生成佛的可能性。小乘佛教不主张众生都有佛性，而大乘佛教对佛性提出

种种观点，总的看法是一切众生都有佛性。

[4] 天竺：印度的古称。戒贤：梵文名 Shīlabhadra，约六七世纪人，古印度大乘佛教瑜伽行派的论师，长期主持那烂陀寺，弘传唯识教义。智光：梵文名 Jñānaprabhā，一说是戒贤门下的上首弟子，瑜伽行派的高僧，一说是印度佛教中观学派论师。宗密采取后一说。三时教：有两种，一是戒贤依《解深密经》《瑜伽师地论》等经典而立的判教，包括三种：第一有教是《阿含经》代表的教法，以一切存在都是因缘和合而成的，在一定程度上承认这些构成要素的实在性；第二空教是《般若经》等空宗经典代表的教法，以一切存在都是因缘所成，没有实在的本性；第三中道教是《华严经》《解深密经》代表的教法，强调一切存在的亦空亦有、非空非有的中道性质。二是智光依《大般若经》《中论》等经典而立的判教：即第一小乘教，讲心境俱；第二法相大乘，讲境空心有；第三无相大乘，讲心境俱空。

[5] 指：原作“措”，《原人论解》《原人论合解》等本为“指”字，今依诸本改之。空教：即大乘破相教。

[6] 在唯识法相之前：指戒贤的判摄，空教在讲万法唯识的中道教之前。唯识法相也作法相唯识，一切事相都依识为本体。

[7] 或云在后：指智光的判摄，讲一切皆空的无相大乘在讲境空心有的法相大乘之前。

［8］今意取后：宗密自己的判摄采取智光的观点，判大乘破相教在大乘法相教之后。

【译文】

所以，龙树提出两种般若，一种共般若，另一种是不共般若。共般若是菩萨乘人与小乘人共同听受、理解和信奉的，以这种般若破斥小乘教对事法的执着；不共般若是不与小乘人共同具有的，而只是大乘菩萨才能理解得了的，并且秘密显示出佛性的存在。所以天竺国的戒贤和智光二位论师，都提出三时教的判摄。在戒贤那里，空宗是在讲万法唯识的中道教等教之前，依次是有教、空教和中道教；在智光那里，则置空宗在唯识法相教之后，依次是小乘教、法相大乘教和无相大乘教。我采纳空宗在法相唯识宗之前的说法。

【提要】

批评大乘法相教以识为人的本原的原人观。大乘法相教持境妄识真或境无识有论，宗密以空宗的心境皆无来破斥，从心识为能变之主体的原则来讲，境是识所变现，但为什么识能变现虚妄之境？或者说，为什么所变的外境是虚妄的，而能变的心识却是真实的？心境二法，相待而成，境既不存，心何独有？

【原 文】

将欲破之，先诘之曰：所变之境既妄[1]，能变之识岂真[2]？

【注 释】

[1] 所变：心识所变现的对象。
[2] 能变：能变现万法的主体之识。

【译 文】

如果要破斥大乘法相教，首先必须有这样的批评：如果说由识所变现的万法都是虚妄不实的，那么这个能够变现万法的识体本身又怎么会是真实的呢？

【提 要】

宗密把大乘法相宗的识有境无论概括为一有一无论。该宗曾以梦来比喻这一思想，梦境（所梦）为无，而梦想（能梦）为有，宗密从这个梦的比喻出发来设难。既然能梦与所梦互相乖反，那么在梦醒时，梦中所见之物应该存在，然而事实并非如此。而且，如果这种存在是可能的话，就会成为境有，这又与识有境无论相矛盾了。

【原 文】

若言一有一无者[1]，此下却将彼喻破之。则梦想与所见物应异[2]，异则梦不是物，物不是梦[3]，寤来梦灭，其物应在[4]。

【注 释】

[1] 一有一无：指识有境无，识是真实的存在，外境诸法都依识而有，本性是无。

[2] 异：指梦想和梦境中所见之物的乖反。从一有一无的原则来看，梦想为有，是成梦的主体，为能梦；梦境为无，所梦见的一切都是虚幻的。

[3] 梦不是物，物不是梦：能梦和所梦一有一无，那么能梦不是所梦，所梦也不是能梦，如同庄子梦蝶，梦不是蝶，蝶不是梦。

[4] 其物应在：如果能梦和所梦是相反的，那么梦中所见是无，梦醒之后，此物应该实有。而如果是实有的话，就和大乘法相宗的境无说相矛盾了。

【译 文】

如果讲识体是实有、万法是空无的一有一无论（下面将用比喻来对此观点加以破斥），那么梦想和梦中所梦见的事物应该是有差别的。这样一来，就应该有这样的结论：梦想和梦中所见的事物是不同的，同样，梦中所见的事物也和梦想不同。既然如此，当人醒来，梦境破灭的时候，梦就成了无，与这个梦不同的梦中所见的事物本身就应该是有，应是实际存在的。

【提 要】

又从一真一假的立论来破。大乘法相教的一有一无论，从真假的角度看，也就是一真一假论，识为真，境为假。如果所梦不是能梦，梦中所见的应是真实的存在物，而非虚幻的假有，但这也是和识有境无的原则相矛盾的。进一步而言，能梦如果不是所梦，那么梦又如何能成？因为从成梦的一般原则来讲，能梦依赖于所梦，有其物才有其相应的梦。由此可知，能梦与所梦都是空，心境皆空。因此识也是空，识是由众缘和合而成的，没有自性。

【原 文】

又，物若非梦，应是真物，梦若非物[1]，以何为相[2]？故知梦时则梦想、梦物，似能见、所见之殊[3]，据理则同一虚妄，都无所有。诸识亦尔[4]，以皆假托众缘，无自性故。

【注 释】

[1] 应是真物：所梦之物如果不是梦的话，则应是真实之物，

不是虚幻之物。而如果是真有的话，也和大乘法相宗的识有境无说相乖反。

[2] 以何为相：梦是有其所依的对象的，梦中所见必有所据，能梦如果不是所梦，梦中之物如果不是真实存在的，那么成梦的依据又是什么呢?

[3] 能见：相当于认识的主体。所见：相当于认识的客体。

[4] 诸识亦尔：大乘法相宗视作人的本原的识，其实也是虚幻不实的。

## 【译 文】

进一步而言，梦中所见的事物如果和梦不同，那么这种事物应该是真实的存在；但如果梦和梦中所见的事物不同，那么这个梦又是以什么为依据的呢？由此可知，梦和梦中所见的物体，就和认识行为中的能见即认识的主体，与所见即认识的客体之间的差别相似。根据空宗的理论来看，他们都是虚妄不实的，都是空无。大乘法相教所持的识体也是如此的空无，因为它们都是由各种因缘所和会而成的，本身并没有内在的自性。

## 【提 要】

引大乘经论来说明一切皆空之理，《中论》讲缘起性空，《大乘起信论》讲离念而空，《金刚经》则讲即相即空，都是论空。

【原 文】

故《中观论》云[1]：“未曾有一法，不从因缘生，是故一切法，无不是空者。”又云：“因缘所生法，我说即是空。”《起信论》云[2]：“一切诸法，唯依妄念而有差别，若离心念，即无一切境界之相。” 《经》云[3]：“凡所有相，皆是虚妄。”“离一切相，即名诸佛。”**如此等文，遍大乘藏。**

【注 释】

[1]《中观论》：简称《中论》，龙树著，青目释，后秦鸠摩罗什译，四卷，共二十七品，四百四十六颂，是印度佛教中观学派的重要经典之一，也是中国佛教三论宗所依的主要经典之一，主要阐述“缘起性空”论和“八不中道”论等中观学说的基本理论。

[2]《起信论》：《大乘起信论》的简称，相传为古印度马鸣著，有两种汉文译本：一是南朝真谛译本，一卷；二是唐代实叉难陀译本，二卷。现在学术界一般视之为中土人的撰述。全书由因缘分、立义分、解释分、修行信心分、劝修利益分五部分构成，劝人信奉大乘佛教，阐述了如来藏和世界的关系，指出众生走向解脱之境的基本方法。

[3]《经》：从引文看，是指《金刚经》，全称《金刚般若波

罗蜜经》，后秦鸠摩罗什译，一卷。北魏菩提流支和南朝真谛分别译出了同名译本，唐代译僧玄奘译为《能断金刚般若波罗蜜多经》（《大般若经》第九会），唐代义净译为《能断金刚般若波罗蜜多经》等。此经认为世界上的一切事法都是空幻不实的，对一切事法都不应生执着心。

【译 文】

所以《中论》中说："没有任何一法不依因缘而生，所以一切诸法，没有不是空的。"又说："因缘所生万法，我就说它是空。"《大乘起信论》说道："一切的事法，只是因为妄念才会产生种种的差别，如果能抛却心中的妄念，就不会有一切关于事法是实有的观念。"《金刚经》说："一切事相都是虚妄不实的。只要离开一切事相，就是各位佛了。"（诸如此类的经文，充满了大乘经藏。）

【提 要】

从对大乘法相教的破斥之中，正显大乘破相教的空理，即一切皆空，不只是境空，心本身也是空。从原人的角度而言，空就是人的本原。

【原 文】

是知心境皆空方是大乘实理[1]，若约此原身，身元是空，空即是本[2]。

【注 释】

[1] 心境皆空：大乘法相教以心有境空，大乘破相教则认为不但心是空，境也是空，一切皆空。

[2] 空即是本：空是世界的本质、人的本原。

【译 文】

由此可见，识心和事法都是空无，这才是大乘教的终极之理。如果从这个观点来讨论人的本原，人也是空的，空就是人的本原。

【提 要】

对大乘破相教以空为人的本原的观点提出批评。如果心和外境都是空的话，谁能认识这个空理？谁来接受或传播这种空的教义？这把知空的主体、设教的主体也空掉了。

【原 文】

今复诘此教曰：若心境皆无，知无者谁[1]？

【注 释】

[1] 知无者谁：这一句问话出自后秦姚兴《与安成侯嵩书》："诸家通第一义，廓然空寂，无有圣人。吾常以为殊大径庭，不近人情。若无圣人，知无者谁也?"把一切都视为空，谁来认识这个空呢？没有人来认识这个空，那么这种空的思想有什么实际意义呢?

【译 文】

现在我也要对大乘破相教的这种原人观提出责难：如果识心和事法都是空无，那么又有谁来认识这个空无呢?

【提 要】

在被宗密称为佛了义教的一乘显性教中，一切空寂之法，都依于一个不空的本体。这个不空的本体作为一切现象的终极本质，是万法空寂的原因，如果连这个本体也空掉了，如何来说明万法皆空之理呢？事实上，现世中的一切虚妄之相，都是依实理而起的：水的湿性为实理，依此而有虚妄之波浪；镜子的明性为实理，依此而有虚妄之影像。

【原 文】

又，若都无实法[1]，依何现诸虚妄？且现见世间虚妄之物[2]，未有不依实法而能起者[3]，如无湿性不变之水[4]，何有虚妄假相之波？若无净明不变之镜[5]，何有种种虚假之影？

【注 释】

[1] 实法：真实存在而不是虚幻空寂之法，这种存在才是人真正的本原、世界的终极原因。

[2] 之：原无此字，今依《原人论解》《原人论合解》等本补。

[3] 依实法而能起：按照一乘显性教的观点，应是依理而成事，依实理而现虚妄之相。

[4] 湿性：水的终极本质是湿，波浪等都是在湿性的基础上而起的假相。此以湿性喻众生本有的性净真心。

[5] 净明：镜子的终极本质是明，在此基础上才能影现一切虚妄的影像。此以明性喻众生本有的本觉真心。

【译 文】

再说，如果不存在任何真实的法门，那么又依据什么来显现虚妄的境界呢？况且，人世间所有的虚妄之物，没有一法不是依据真实之法而生起的。就像如果没有真实的、具有永恒性的湿润的水，怎么会有作为虚妄的假象而出现的波浪呢？就像如果没有真实的、具有永恒性的清净光明的镜子，怎么会有种种虚妄的影像出现呢？

【提 要】

再来看大乘破相教在破斥大乘法相教的梦之喻时所持的能梦、所梦都是空无的观点。即使梦境是虚妄的，但总还是要依做梦的人才会产生。这个做梦的主体就如同真性，如果讲一切皆空，那就不能解释虚幻的梦是如何产生的。

【原 文】

**又，前说梦想[1]、梦境同虚妄者，诚如所言，然此虚妄之梦，必因睡眠之人[2]，今既心境皆空，未审依何妄现？**

【注 释】

［1］想：原作“相”字，今依《原人论解》《原人论合解》等本改。

［2］睡眠之人：喻指性净真心。

【译 文】

就说前面所列举的做梦的例子。大乘破相教认为做梦的主体，即梦想本身和做梦的客体即梦中所见之物，都是虚妄不实的。事实确实就像此宗所说的那样。但是这种虚妄的梦之所以能产生，必然依赖于处在睡眠中的人。可是现在识心和事法都被视为空无了，我不知道这虚妄的梦将依据什么来显现？

【提 要】

指出大乘破相以空为人的本原，重在破斥，不是终极教门，因为它未能直接显示人的真性。其实经典中也说明此教不是终极佛理。

【原 文】

故知此教但破执情，亦未明显真灵之性。故《法鼓经》云[1]：“一切空经是有余说。”有余者，余义未了也。《大品经》云[2]：“空是大乘之初门。”

【注 释】

[1]《法鼓经》：《大法鼓经》的简称，二卷，南朝刘宋求那跋陀罗译，主要讲述如来常住一乘真实之理。

[2]《大品经》：指《大品般若经》，是相对于《小品般若》而言的。一般称东汉支娄迦谶所译的《道行般若经》十卷、三国吴支谦所译的《大明度无极经》六卷、后秦鸠摩罗什译的《小品般若经》等为小品，而称西晋无罗叉和竺叔兰所译的《放光般若经》三十卷、竺法护译的《光赞般若经》十五卷和后秦鸠摩罗什所译的《摩诃般若经》四十卷等为大品。这里所指的大品，当是流行的罗

什译本。

【译 文】

由此可知，大乘破相教只注重对情执的破除，也没有直接明了地显示真实而又灵明的佛性的存在。所以《大法鼓经》说："一切关于空的理论，都是有余之谈。"（所谓有余，指还有其他含义没有能阐明。）《大品般若经》说："空的理论还只是大乘佛教入门的最初方法。"

【提 要】

前面所分析的四种教，虽层层深化，但都不是佛教至极之理，相对后面的一乘显性教来说都是浅教。如果执着于这些教门而不知其浅，就是偏，因而称此四教为偏浅教。

【原 文】

**上之四教，展转相望，前浅后深[1]，若且习之，自知未了，名之为浅，若执为了，即名为偏。故就习人，云偏浅也[2]。**

【注 释】

[1] 前浅后深：相对于至极之教的一乘显性教来说，四教都是浅教。四教之中，后教望前，后教为深，前教望后，

前教为浅。

[2] 偏浅：四教相对于一乘显性教来说是浅教，虽然修习这些教法，但能知道它们并不是至极之教，称为浅。执着于这些教门而不知其浅，称为偏。说其偏浅，都是针对修教之人而言的。

【译 文】

以上四种教法，依次而有。从相互的关系来看，前面的教法相对于后面的教法来说，是浅显之教；后面的教法相对于前面的教法来说，是更深入的教门。这四教都是偏浅之教，如果修习这些教法，自己也知道这并不是彻底的了义教法，这就叫浅。如果修习这些教法，不知道这不是终极教法，而执着地认为其是彻底的教门，这种情形就叫偏。所以，所谓偏浅的说法，只是针对修习者而言的。

【原 文】

## 三、 直显真源第三[1] 佛了义实教[2]

【译 文】

## 第三、 直接显示真性本原

(即显示佛教中终极了义教的思想)

【提 要】

一乘显性教的原人观以真心为人的本原。真心具有清净、本觉的特征，众生之所以不识自心真心，只是由于自心本来具有的妄念覆盖了真心，因而妄执自身为实有，贪爱执着，造业受报，流浪生死，必须经觉悟者的开示才能最终悟得真心。

【原 文】

一乘显性教者[3]，说一切有情，皆有本觉真心[4]，无始已来，常住清净[5]，昭昭不昧[6]，了了常知[7]，亦名佛性[8]，亦名如来藏，从无始际，妄想翳之[9]，不自觉知[10]，但认凡质[11]，故耽着结业，受生死苦，大觉愍之[12]，说一切皆空，又开示灵觉真心清净[13]，全同诸佛。

【注 释】

［1］直显真源：源，指众生的本原，即宗密所持的真心或真性。真源，真性才是人的真正本原。一乘显性教对人真正本原的揭示是直接的，不像大乘破相教那样密显。

［2］佛了义实教：原无，今依《原人论解》和《原人论合解》补。了义，指最深刻、彻底的教义。实教，相对于权宜之教而言，指根本性的教义。

［3］一乘显性教：一乘，或称一佛乘、一佛究竟乘，相对于偏浅佛教而言，指佛教中的根本教义。显性，显示众生自心中的真性或佛性，宗密的《禅源诸诠集都序》卷二中有显示真心即性教，即这里的一乘显性教。

［4］本觉真心：众生的真心具有本觉的特征。本觉，真心具有的特征之一，指本来觉，即本来具有的、先天固有的觉悟之性。

［5］常住：指永恒存在，永远具有。清净：真心具有的特征之一，指不被种种烦恼所染，洁净无污。

［6］昭昭不昧：对真心的清净特征的描述，指真心的清净光明，没有昏暗。昭昭，有光明的意思。昧，指昏暗、隐蔽不明。

［7］了了常知：对真心的本觉特征的进一步描述。了了，指聪明的意思。知，在宗密的体系中指真心的最本质特征，是心的自性体。以真心为人的本原，其实也就是以知为

人的本原，因而他有“知之一字，众妙之门”的提法。

［8］亦名佛性：真心从不同的角度看，具有不同的意义，宗密在《禅源诸诠集都序》卷一中说：“况此真性，非唯是禅门之源，亦是万法之源，故名法性；亦是众生迷悟之源，故名如来藏藏识，亦是诸佛万德之源，故名佛性；亦是菩萨万行之源，故名心地。”

［9］妄想：虚妄之想，妄念。翳：遮盖。

［10］不自觉知：不能体认到自心的真心。

［11］凡质：指肉胎凡身的色心和合之我。

［12］大觉：原指世尊释迦牟尼，这里指一切觉悟者、得解脱者。愍：怜悯，同情。

［13］灵觉：指本觉真心。

【译 文】

一乘显性教的基本教义是：一切有情众生，都先天地而具有本觉真心，其永远存在于众生心中，清净无染。这一真心，说其清净，光明而不昏暗，说其本觉，聪明而常具本来之知，也可以称其为佛性，也叫如来藏。众生也先天地而有妄念。由于这些妄念烦恼覆盖住了自己的真心，众生便不能了解自己的本觉真心，而是执着于自我为实有，沉浸于自我中，制造出各种行为，受生死轮回的痛苦的果报。伟大的觉悟者对这些迷途中的痛苦众生深怀同情之心，向他们宣讲一切皆空的真理，又指出他们自己本来具有的灵明的清净本觉真心，使他们认识到自己与佛完全没有差别。

【提 要】

引《华严经·如来出现品》中的观点说明众生本有佛性，因妄想覆盖而不自见，众生要得解脱，就必须去除妄想。

【原 文】

故《华严经》云[1]："佛子，无一众生而不具有如来智慧[2]，但以妄想执着而不证得，若离妄想，一切智、自然智、无碍智即得现前[3]。"便举一尘含大千经卷之喻，尘况众生，经况佛智。次后又云："尔时如来，普观法界一切众生，而作是言：奇哉！奇哉！此诸众生，云何具有如来智慧，迷惑不见？我当教以圣道，令其永离妄想，自于身中得见如来广大智慧，与佛无异。"

【注 释】

[1]《华严经》：全称《大方广佛华严经》，有三个汉译本，即东晋佛陀跋陀译的《六十华严》、唐代实叉难陀译的《八十华严》和唐代般若译的《四十华严》。此经认为世界是毗卢遮那佛的显现，一粒微尘映现整个世界，一瞬间包含永恒，宣说法界缘起论以及圆顿的悟修观。

[2] 有：原作"足"，《华严经·如来出现品》中作"有"

字，《原人论解》《原人论合解》等本子亦作“有”字，今依诸本改之。

[3] 自然智：不需要人为的作用，自然而然地具有的佛智。在《华严经》中指能自在地演说佛法教化的辩才智慧之一，即说法迅速，没有障碍。即得现前：“即”字，《华严经·如来出现品》作“则”字。

【译 文】

所以《华严经》说：“佛弟子们，没有任何一个众生不具备诸佛如来的智慧，只是众生都因为妄念的障碍而执着于自我，不能体悟到这一智慧。如果众生能够去除这些妄念，那么一切智慧、自然具备的智慧、通达无碍的智慧，就都能出现在众生面前。”接着列举了经中一粒微尘含有无数经卷的比喻，以微尘比众生，又以佛经喻众佛的智慧。于是又说：“那时候，佛遍观世界上的一切众生，说道：‘太奇怪了！太奇怪了！这些众生本来具有佛的智慧，而为什么都处在迷惑中，并不知道自己的这种智慧呢？我要把佛教神圣的真理传授给他们，使他们永远脱离妄想，他们自己就会在心中发现佛的广大无边的智慧，从而与佛没有差别。’”

【提 要】

过去，人们因为不知道一乘显性教的原人观，因而不解真心，不能从自心来寻找人的本原，现在悟得一乘至极之理，才懂得自己本来就与佛无异。

【原 文】

**评曰[1]：我等多劫未遇真宗[2]，不解反自原身，但执虚妄之相，甘认凡下，或畜或人，今约至教原之[3]，方觉本来是佛[4]。**

【注 释】

［1］评：宗密对一乘显性教的原人观所作的赞颂性评价。

［2］真宗：指一乘显性教，或华严宗。

［3］至教：佛至极之教，也指一乘显性教。

［4］本来是佛：一切众生心中本来就具有佛性，本来就具有认识自心佛性的智慧，众生本来就与佛没有差别。

【译 文】

我不禁要对一乘显性教的这种观点加以如下的评论：我们历经了很多劫数，却一直没有遇到这样真实的教法，也不了解应该返回到自心来寻找人的本原，一直甘心于凡夫所处的下层地位，或者在畜生道中，或者在人道中。现在根据这一至极之教的原理，我们才得以知道自己本来就是佛。

【提 要】

悟后的修证是渐修，渐渐去除长期以来形成的烦恼，一直至无烦恼的地步。这时候，就能显示种种圆满的作用，就达到了佛境界。众生与佛、痴迷者与觉悟者，都有同一个真心。真心就是伟大的一切奥妙的总门径，对人的本原的探求，就一直探索到这个真心为止。

【原 文】

**故须行依佛行，心契佛心，返本还源，断除凡习，损之又损，以至无为[1]，自然应用恒沙，名之曰佛，当知迷悟同一真心[2]。大哉妙门！原人至此。**

【注 释】

[1] 损之又损，以至无为：取自《老子》四十八章："为学日益，为道日损。损之又损，以至于无为。"宗密之意，是将烦恼减损至尽，而达到无为的境界。知讷所集的《法集别行录节要并入私记》中收入了宗密的《禅源诸诠集都序》，则作"损之又损，以至无损"，强调减损烦恼至尽净。

[2] 迷悟同一真心：不论是凡无之迷，还是佛之觉悟，真心都没有差别。

【译 文】

所以，我们就应该按照佛的行为准则来修行。我们心中的思想也要和佛的思想相契合，返归本来的状态，回到自己的源头，断灭各种凡夫的行为和思维习俗，减损了还要减损，一直达到老子所讲的那种无为的状态。到这时，人自然就会具有像恒河中沙粒一样多的功用。这样的人，就称其为佛。应该明白，不论是迷妄者还是觉悟者，都具有同一个真心。对人的本原探究到这里，才会知道这个真心是进入佛法真理的多么伟大的门径啊！

【提 要】

五种教法，有渐有顿，其实法无差别。人的根性有利钝，五教都是佛的随机设教，根性较浅的人，可以渐渐诱接，逐步深入真心；根性慧利的人，可以直接体悟自心真性。

【原 文】

然佛说前五教，或渐或顿[1]，若有中下之机[2]，则从浅至深，渐渐诱接，先说初教，令离恶住善。次说二、三，令离染住净。后谈四、五，破相显性，会权归实，依实教修，乃至成佛。若上上根智，则从本至末，谓初便依第五，顿指一真心体，心体既显，自觉一切皆是虚妄，本来空寂，但以迷故，托真而起，须以悟真之智[3]，断恶修善，息妄归真，妄尽真圆，名法身佛[4]。

【注 释】

［1］或渐或顿：渐和顿的意义比较复杂，宗密在《禅源诸诠集都序》卷三中讲到，从教化的角度看，有化仪之顿渐，应机之顿渐；从人的角度看，有教授方便之顿渐，根性悟入之顿渐，发意修行之顿渐。

［2］机：指人的根性、根器，是人在宗教觉悟方面的能力、潜质，佛教把人的这种根性区分为上、中、下三个大类。

［3］以：原作“似”字，今按《原人论解》《原人论合解》等本改之。

［4］法身佛：佛教所讲的三身佛之一。法身是指以佛法成身，或者说身具一切佛法，佛以纯精神性的法身出现，为法身佛。

【译 文】

但是，佛宣说的前面五种教法，有的属于渐法，有的则属于顿法。那些中等和下等根性的众生，佛对他们说法时，是从浅显的教法到较深奥的教法，逐渐地诱导接引的。佛先对他们宣说最初的人天教，使他们脱离邪恶，达到众善；再宣说第二小乘教和第三大乘法相教，使他们脱离染着，再到清净；最后则宣说第四大乘破相教和一乘显性教，将前面的作为权宜施设的教法，融会进后面的究实教法之中，并依据究实教法而修行，直到成就佛的果位为止。那些上等根机的众生，佛对他们的宣说，则是直接从本体之教一直说到枝末之教。也就是说，一开始就按照一乘显性教，顿时指示众生的真心本体，在显示了这一真心之后，众生自然就能觉悟到一切都是虚妄不实、本来空寂的道理。过去因为迷妄的缘故，人产生各种烦恼，有了这种觉悟之后，在修行方面，就要依悟而修，即以觉悟真心的那种智慧断除众恶，修习众善，息灭妄念，返归真源。虚妄之念去尽之后，真实的圆满本性就自然显现出来了，达到这个境界的人，就是法身佛了。

【原 文】

## 四、会通本末第四[1] 会前所斥，同归一源，皆为正义

【译 文】

## 第四、会通本体和枝末之教

（即会通前文中所批评的各种教法。在真性本原的基础上让它们融合，从而使它们都具有正确的意义）

【提 要】

前面三部分重在批评，由浅至深，节节破斥，层层揭示人的本质而至真性。而这一部分则重在融合、会通，从真性本体出发，融合偏浅各教，由此也显示出宗密的三教合一的思想。从体用关系看，这种融合也是依体起用，其中的方法论是基于《大乘起信论》。

【原 文】

真性虽为身本，生起盖有因由，不可无端忽成身相，但缘前宗未了[2]，所以节节斥之，今将本末会通，乃至儒道亦是。初唯第五性教所说[3]，从后段已去节级，方同诸教，各如注记。

【注 释】

［1］会通本末：以作为本教的一乘显性教融合作为末教的各偏浅之教，融合的基础是一乘显性教所明的真性。

［2］前宗未了：前述四种教门的原人，都没有真正探究到人的本原。

［3］性教：指一乘显性教。

【译 文】

真性虽然是人的本原，但真性缘起人和万法总是有其原因的，人不会无缘无故地忽然产生。而这一点，我在前文中并没有展开说明，是因为一乘显性教之前的各个教法，不是佛教中的真实显了之教。所以我集中地对这些教法一层一层地加以分析批评。从现在开始，我将要把本体之教和枝末之教融合在一起，一直会通到儒、道二教。（这一会通的过程，起初显示的只是一乘显性教的理论，从后面一段才对各教加以会通，对此我将分别在注释中进行说明。）

【提 要】

作为会通之本体的真心，具有空寂的性质，相当于《大乘起信论》中所讲的心真如门。由于无明的作用，众生的真心隐覆不现，藏于烦恼之中，称如来藏。依据如来藏，就有具有生灭特征的心的呈现，相当于《大乘起信论》中的心生灭门。在此，宗密也开始融合大乘破相教的原人观。

【原 文】

谓初唯一真灵性，不生不灭[1]，不增不减[2]，不变不易[3]，众生无始迷睡，不自觉知[4]，由隐覆故，名如来藏，依如来藏，故有生灭心相[5]。**自此方是第四教[6]，亦同破此已生灭诸相。**

【注 释】

[1] 不生不灭：用中道的方法从实体方面说明真心的特征，指真心的恒常性，没有产生，也没有消亡，超越生灭。

[2] 不增不减：用中道的方法从空间的角度说明真心的特征，指真心对具体事物增减性质的超越。

[3] 不变不易：用中道的方法从运动的角度说明真心的特征，指真心对具体事物运动特性的超越。

[4] 觉知："知"，原作"之"，前文也作"觉知"，《原人论解》《原人论合解》诸本均作"知"字，今依此改。

[5] 有生灭心相：指在如来藏的基础产生的有生灭特征的心，相当于心生灭门。

[4] 自此方是第四教：自此以下的内容会通第四大乘破相教的原人观。

【译 文】

起初存在的只是一个真实的灵知本性，这一本性的特征是：没有产生，也没有毁灭；不会增加，也不会减少；不会变化，也不会易性。众生先天，就处在迷执昏睡之中，并不知道自心的这一本性。因为这一本性隐藏覆盖在烦恼当中，这就叫作如来藏。依据如来藏，构成心的或生成或毁灭的特征。（从这里开始才是第四大乘破相教所说的内容，也与此教所破斥的各种生灭现象相会通。）

【提 要】

心真如门和心生灭相结合，而有阿赖耶识，由阿赖耶识直接缘生万法。这个阿赖耶识是真妄和合的结果，本质上是空的，这就融合了大乘破相教，也开始和大乘法相教融合。

【原 文】

所谓不生不灭真心，与生灭妄想和合[1]，非一非异[2]，名为阿赖耶识[3]。此识有觉、不觉二义[4]。**此下方是第三法相教中[5]，亦同所说。**

【注 释】

[1] 生灭妄想：指心生灭门。

［2］非一非异：描述心真如门和心生灭门和合的状态，既不是同一的，也不表现为差异。

［3］阿赖耶识：《大乘起信论》中的阿赖耶识与法相宗所讲的阿赖耶识并不完全是一回事。在《大乘起信论》中，真心才是终极的本原，阿赖耶识只是真心缘生万法次序中的第三个层次，是心真如门和心生灭门的非一非异的结合，它具有藏覆的特征，但藏覆的是真心。法相宗中所讲的阿赖耶识，就是万法的终极本质和人的真正的本原，藏覆的是生灭万法的种子。

［4］有觉、不觉二义：依《大乘起信论》，阿赖耶识有觉和不觉两重意义。所谓觉，是指心体离念，能离念就是佛法身，不觉就是有念。

［5］此下方是第三：自此以下的内容会通第三大乘法相教的原人观。

【译 文】

所谓具有没有产生也没有毁灭特征的真心，与有产生、有毁灭的妄想相结合，两者的结合，既不是完全合一，也不是各有差异，而这种状态下的心就叫阿赖耶识。这种识具有觉和不觉两种特点。（自此以下才是第三大乘法相教的内容，也与此教所说的内容相会通。）

【提 要】

阿赖耶识有觉和不觉两种状态，而不觉会使阿赖耶识缘起万法。按照《大乘起信论》，以不觉为依据，会生起三种特征（三细相），即无明业相、能见相、境界相。由于有各种境界相为条件，又产生六种表现（六粗相）。本段涉及前二种，即智相、相续相。这是对大乘法相教的原人观的融合。

【原 文】

依不觉故，最初动念，名为业相[1]。又，不觉此念本无，故转成能见之识[2]，及所见境界相现[3]。又，不觉此境从自心妄现[4]，执为定有[5]，名为法执[6]。**此下方是第二小乘教中[7]，亦同所说。**

【注 释】

[1] 业相：这是从不觉中产生的第一种表现，《大乘起信论》中称其为无明业相，意指从不觉中产生的心动，这种心动称为业，觉则是心不动。心动则会产生各种痛苦，各种痛苦是结果，心动是原因，结果离不开原因。

[2] 能见之识：《大乘起信论》所指能见相，是从不觉中产生的第二种表现，指由心动产生的主体的认识活动。心如果不动，则不会有这样的认识活动。

[3] 境界相现：指《大乘起信论》中所说的从不觉中产生的

第三种表现境界相。要的说明的是，依据主体的认识，而有各种虚妄境界的显现，如果能离开主体的认识，则不会有境界相出现。

[4] 不觉此境从自心妄现：指《大乘起信论》中的智相。《大乘起信论》中说，由于有各种境界为条件，又会产生六种表现（六粗相），即智相、相续相、执取相、计名字相、起业相、业系苦相。智相是六粗相中的第一相，是依各种境界而产生的心的不同分别，分别出喜爱的和不喜爱的境界。

[5] 执为定有：执着境界为确定的实有，相当于六粗相中的第二相续相，即在分别智相的基础上相应地产生快乐或痛苦的感受。

[6] 法执：即指执着于境界为确定的实有，执着于事法为实有。

[7] 此下方是第二：指自此以下的内容会通第二小乘教的原人观。

【译 文】

依照阿赖耶识不觉的意义，由于没有如实地了知真心的性质，而使自心有所动，这称为业，即无明业相。在此基础上，由于未觉察到这些杂念本质上是空无的，而执着为实有，从而有了人的认识活动，这称为能见相。据此又产生各种虚妄的境界，称为境界相。又据此相而产生智相，即依据各种虚妄境界，心识产生不同的分别，分别出哪些境界是可爱的，哪些是不可爱的。执着这些虚妄境界为实有，则是相续相，即依据可爱或不可爱的分别，而产生快乐或痛苦的感受，与感受的境界相应，连续不断，这就叫法执，即对虚妄的事法的执着。（自此以下是第二小乘教的内容，才与小乘教所说会通。）

【提 要】

阐述阿赖耶识所产生的六粗相中的第三执取相和计名字相，两者是在法执基础上所产生的我执。这是对小乘教的原人观的融合。

【原 文】

**执此等故，遂见自他之殊，便成我执[1]。执我相故，贪爱顺情诸境，欲以润我，嗔嫌违情诸境，恐相损恼，愚痴之情，展转增长[2]。此下方是第一人天教中[3]，亦同所说。**

【注 释】

[1] 便成我执：指六粗相中的第三执取相。其在相续相的基础上，将相续相中的苦乐感受巩固下来，内心生起虚妄的执着，称为我执。

[2] 展转增长：所指的是六粗相中的第四计名字相，即依据虚妄的执着，思虑分别假设的名言相状，在此基础上而

有各种情执，有贪爱、嗔嫌、愚痴等情的生起。

［3］此下方是第一：指自此以下的内容会通第一人天教的原人观。

【译文】

由于执着于虚妄的境界，而产生了外部境界与内在自我的区分，于是就有了我执，也就是执取相。即将苦乐的感受巩固下来，内心所生起的虚妄的执着。由于执着于虚妄的自我为实有，对有利于自我的一些境界，我就起贪爱之心，想使我得到利益。对不利于自我的一些境界，我就起愤怒厌恶之心，担心其会损害我的利益，还有愚昧痴情，这些烦恼都逐渐产生。这就是计名字相，即思虑分别虚妄的名言相状。（自此以下是第一人天教所说的内容，才与人天教相会通。）

【提要】

由于我执，而生贪、嗔、痴三毒，三毒又激起身、口、意三业。三业有善有恶，所引的报应也不同，行恶业则入于三恶道中，行善业则可以生人道中。这是对人天教的原人观的融合。

【原文】

**故杀、盗等[1]，心神乘此恶业[2]，生地狱、鬼、畜**

等中[3]。复有怖此苦者，或性善者[4]，行施、戒等[5]，心神乘此善业，运于中阴[6]，入母胎中。**此下方是儒、道二教[7]，亦同所说。**

【注 释】

[1] 杀、盗等：杀生、偷盗等十恶业，所指的是六粗相中的起业相，即依据假设的名言，追逐名言指谓的事物，并执着于此，由此造作出种种业。

[2] 心神：指阿赖耶识。此：原作“此之”，《原人论解》《原人论合解》等本均无“之”字，今依诸本去之。

[3] 地狱、鬼、畜等：指地狱、饿鬼和畜生三恶道，所指的是六粗相中的业系苦相，即根据造作的业，而受相应的报应。这种报应不是人自身所能自由选择的，所以称为苦。

[4] 性善：阿赖耶识包含了善恶两种因素，就其善的方面而言，借用儒家的说法，可以称为性善，真心则是无善无恶的。

[5] 施、戒等：以布施、持戒泛指一切善业。

[6] 中阴：梵文 antarābhava 的意译，亦称中有。指人死后至转生之前的一段中间状态中的有情，是因果报应论中的基本概念。

[7] 此下方是儒、道：指自此以下的内容会通儒、道二教的原人观。

【译 文】

在我执的基础上，众生就制造各种行为，像杀生、偷盗等恶的行为也就产生了，这就是起业相。心就承受这种恶业的报应，使众生转生于地狱、饿鬼、畜生等恶道之中，这是业系苦相。有些害怕在恶道中受苦的人，或者心地比较善良的人，就做一些善的行为，像布施、持戒等，心就承受这些善业的报应，因为这些善业附于中阴，进入母亲腹胎中。（自此以下是儒、道二教所说的内容，才与儒、道二教相会通。）

【提 要】

这一段会通儒、道二教的元气论的原人观。元气论以夫妇合气，而人生其中，佛教认为，夫妇合气，精血结合受胎之时，中阴便进入母胎中依附之，逐渐发育生长，成具人形。胎儿的肉体方面是禀受父母的元气而成的，形成各种器官，精神方面则由中阴而发展成各种感知的能力，经十月怀胎，出生为人。其他五趣的形成途径，也和人的产生大致相似。

【原 文】

**禀气受质[1]，**会彼所说以气为本。**气则顿具四大[2]，渐成诸根。心则顿具四蕴，渐成诸识[3]，十月满足，生来名人，即我等今者身心是也。故知身心各有其本[4]，二**

类和合，方成一人。天、修罗等，大同于此[5]。

【注 释】

［1］禀气受质：质，指人的肉体。从父母处承受赤白元气，由元气具体地产生出人身来。

［2］顿具四大：元气又忽然具足构成人体的地、水、风、火四大元素，由此，四大可以进一步形成人的各种身体器官。

［3］渐成诸识：诸识是逐渐形成的，在胎中先有第八阿赖耶识，出胎后再形成前五识及六、七两识。前五识的形成，不但依赖于认识的器官，也依赖于外境，而在胎中是没有外境的；没有前五识，六、七两识也难以产生作用。

［4］身心各有其本：色身以元气为本，心以业惑为本。

［5］天、修罗等，大同于此：天、阿修罗等其余五趣果报的实现，也和人的果报的实现途径大致相似，也是色心的和合。只是地狱、饿鬼等趣的色蕴，人看不到，在无色界天中，没有色的存在，这是大同中的小异。

【译 文】

心在母胎之中禀承父母的精血元气，逐渐生成人的形状，（这是与儒、道二教的以元气为人的本原的观点相会通。）元气顿时具备地、水、火、风四大要素，逐渐形成胎儿的各种器官，心神则顿时具备受、想、行、识四种精神，逐渐形成胎儿的各种感知能力。经过十月怀胎，生下来就称其为人，也就是我们现在具有的肉体和精神的结合体。由此可见，人的肉体和精神有着各自不同的本原，两者结合在一起，才形成人。其他像天、阿修罗等生命的形成，大体也和人产生的情形相同。

【提 要】

这一段以业报论会通儒、道二教的自然生成论的原人观。众生今生的善恶苦乐之报，都由自己所造的业所引起的，只要造业，自然会有报应。业报分为三种，即现报、生报和后报，不但现世造业会引起现报、生报和后报，而且前世造业也能引起现世的报应。从这种报应论的角度来看，众生在现世的苦乐状况，有与其现世所造的业不相应之处，如行善而祸、行恶而福等，乃是由其前世所造之业在现世的报应。这在自然论者看来是难以解释的。而在业报论中则十分简单，自然论者只知道执着于以自然为本，而不知业是自然之本的更深层的原因，不知道前世的存在。

【原 文】

然虽因引业受得此身[1]，复由满业[2]，故贵贱贫富，寿夭病健，盛衰苦乐。谓前生敬慢为因，今感贵贱之果，乃至仁寿杀夭[3]，施富悭贫[4]，种种别报，不可具述。是以此身，或有无恶自祸[5]、无善自福、不仁而寿、不杀而夭等者，皆是前生满业已定，故今世不同所作[6]，自然如然。外学者不知前世[7]，但据目睹，唯执自然。会彼所说自然为本。

【注 释】

［1］引业：与满业相对，指能引起果报的业，特别是感得果报的主要部分的业，所引起的报应称总报。

［2］满业：与引业相对，指能引起有差别的果报的业，所引起的报应为别报。比如众生能生入人道中，这是由于引业的作用，但在人道中更细微的差别，贫或富等，则是由于满业的作用。

［3］仁寿杀夭：这是报应的一般状况，行善得善报，行恶得恶报，这也是儒、道所能理解的报应形式。

［4］贫：原作“贪”，《原人论解》《原人论合解》等本均作“贫”字，今依诸本改之。

［5］无恶自祸：这是众生现世的行为与其现世的生存状况不相符的一种表现，其现世的生存状况是与其前世所造的业相应的，是前世造业在现世的报应，这是儒、道所不能解释的社会现象。

［6］不同所作：众生现世所造作的业和其现世所得的报应不相符，如无恶自福等情形。

［7］外学者：指习儒、道者。

【译 文】

虽然说人轮回转生于六道中的哪一道，是由引业决定的，但是人的高贵与低贱、长寿与短命、多病与健康、兴盛与衰败、痛苦与快乐等不同的状况，则是由满业决定的。也就是说，你在前生中所做的尊敬、怠慢等行为是原因，在现世感受到的高贵低贱等报应是结果。甚至还有仁慈者长寿，凶残者短命，布施者富庶，悭吝者贫穷等不同的果报，难以一一尽说。所以，现世中的人，有的没有行恶业却遭灾祸，有的没有行善业却享幸福，有的并不仁慈却能长寿，有的并不凶残却很短命。诸如此等的不同情形，都由于前世的满业已经形成，所以在现世才受到这样的果报，自然而然就应该是这样的。儒、道等外道之学不知有前世，只根据目前所见到的人的情况来论人的本原，所以执着于以自然为人的本原。（这就与儒、道二教的自然本原论相会通了。）

【提 要】

这一段又用业报说会通儒、道二教天命论的原人观。天命论者认为一切都由于天、定于命，不可改变，但从佛教业报论的角度来看，众生在今生的苦乐善恶之报，都是由他们前世所造的业决定的。天命论者只知天命，却不知业，不知业是天命的更深层的本质。

【原 文】

**复有前生少者修善，老而造恶，或少恶老善，故今世少小富贵而乐，老大贫贱而苦，或少贫苦、老富贵等，故外学者唯执否泰[1]，由于时运[2]。会彼所说，皆由天命。**

【注 释】

［1］否泰：《周易》中有否卦和泰卦，否指天地不相交，泰为天地相交。否则失利，泰则亨通，表达了否极泰来的思想，指事情发展到一定程度，就会走向其对立面。宗密在这里以否泰比喻人的命运。

［2］时运：指命运。

【译 文】

还有，有的人在前世小时候行善，老来作恶，或者相反，小时候作恶而老来行善。所以他在现世中就会小时候富庶、高贵又快乐，但到老年时却贫穷、低贱又痛苦；或者相反，小时候贫穷、痛苦而到老年时却富庶、高贵，等等。儒、道等外道之学不懂得这一原理，只执着于否极泰来或时来运转等命运的作用。（这就与儒、道二教的天命本原论相会通了。）

【提 要】

提出真心一元论的宇宙观和原人观，指出人由色心或形神相合而成，元气构成色的部分，真心构成心神的部分。但就元气的本质而言，也是因真心而有的，是真心通过阿赖耶识变现出来的，唯一存在的只是真心，真心之外没有一法。

【原 文】

然所禀之气，展转推本，即混一之元气也；所起之心，展转穷源，即真一之灵心也。究实言之，心外的无别法[1]，元气亦从心之所变，属前转识所见之境[2]，是阿赖耶识相分所摄[3]。

【注 释】

［1］心外的无别法：心是世界的本原，唯一的存在，心外无法，心外无事，这是佛教唯心的宇宙观。

［2］转识：在法相宗中，转识指八识中的前七识。这七识都是由阿赖耶识中的种子转变而来，成为现行的、正在发生变现与了别作用的心识，从而对阿赖耶识产生能熏的作用。在《大乘起信论》中，转识指阿赖耶识因不觉而产生的三相中的第二能见相，即依据无明业相而产生的心动。在这里，宗密指的是法相宗的说法。见：通“现”，《原人论解》《原人论合解》等本中均作“现”。

［3］相分：法相宗中八识的二分之一，相当于认识的客体。

【译 文】

但是，人所禀受的元气，推究其本原，就是混沌一体的气；人所产生的各种精神现象，推究其本原，就是真实一如的灵知之心。究其实而言，心外确实没有一法存在，元气也是由心变现出来的，转识的八识中的前七识所变现的外在境界，都收摄于第八阿赖耶识的相分中。

【提 要】

真心生起人和天地万法的过程，就是由真心不生不灭的真如门与有生灭变化的心生灭门相结合而形成阿赖耶识的过程。依阿赖耶识不觉的特征，而有三细六粗的心和境的生起，这便是阿赖耶识相分的变化过程。

【原 文】

**从初一念业相[1]，分为心境之二[2]，心既从细至粗，展转妄计[4]，乃至造业[5]，如前叙列。境亦从微至著[6]，展转变起[7]，乃至天地。**

【注 释】

[1] 一念业相：指因阿赖耶识不觉的特征而生起的心的三种细微变化（三相）中的第一细，指无明业相或业识。

[2] 分为心境之二：即三细中的后二种，心指第二能见相，或转识；境指第三境界相，或现识。

[3] 从细至粗：心的变化是从细微之相向粗浊之相发展。三

细中，业识为细中之细，现识为细中之粗。转识对业识为粗，对现识为细。

［4］展转妄计：指心的六粗相中的前四粗相，即智相、相续相、执取相、计名字相的先后生起。

［5］乃至造业：指六粗中的第五起业相。

［6］从微至著：三细中的细中之粗的境界也是从更细微的二相中产生起来的。展转变起：指境界从根身种子到天地万物。

## 【译 文】

起初，只有心的初动之无明业相，后又分化出心的部分和境的部分，即能见相，境界相。心的部分又从细微之相向粗浊之相辗转分化，虚妄执着，直到做出各种行为。（这一点如同前文中所叙述的那样。）境的部分也是从细微之相到粗浊之相辗转变现生起，直到天地产生。

## 【提 要】

用阿赖耶识的理论，再次会通佛教和儒、道二教的原人观。儒家的太易说，道家自然为本论中所谓的自然、道本论中所讲的大道，都相当于阿赖耶识的见分；儒、道所说的元气，则相当于佛教所说的阿赖耶识的相分。

【原 文】

即彼始自太易[1]，五重运转[2]，乃至太极，太极生两仪[3]。彼说自然、大道，如此说真性，其实但是一念能变见分[4]。彼云元气，如此说一念初动[5]，其实但是境界之相[6]。

【注 释】

［1］太易：指中国古代关于宇宙形成的最初阶段，为形象未分时期，未见元气时期。“太”字，原作“大”，《原人论解》《原人论合解》等本作“太”，今依诸本改之。

［2］五重运转：中国古代宇宙学说关于世界形成时天地未分之前最初变化的五个阶段的理论，即太易、太初、太始、太素、太极。太初指太易之后的元气清浊未分时期，为元气的最初形态。太始指太初之后，元气开始显现出形象。太素是指具有不同性质的各种事物的形成时期。太极是指已经形成的具体事物。

［3］太极生两仪：这里的太极和五重运转中的太极并不是一回事，五重运转中的太极是天地未分时期各个演变过程中的最后一个阶段，而这里的太极是指最初的本原，可分化出阴阳两仪。

［4］能变见分：指三细中第二能见相。见分，法相宗八识具有的二分之一，相当于认识的主体。

［5］一念初动：指三细中第一无明业相。
［6］境界之相：指三细中第三境界相。

【译 文】

这就是儒、道所说的始于太易，经过五重运转，而至太极，再由太极生化出阴阳两仪。道家所说的自然、虚无大道，就如同这里所讲的真性，其实都是真性变化过程中一念生起后，即无明业相产生后出现的能见之相的见分认识的主体。儒、道所说的元气，如同这里所讲的因为不觉而产生的心念之动，其实都是能见之相所产生的境界之相。各种行为一旦完成，就从父母那里禀受阴阳两种元气，再与心识相结合，人就产生了。

【提 要】

由于六粗相中第五起业相的作用，而引起相应的报应，心识乘善业进入中阴，受父母之气，形成人。真心不但是人的本原，也是天地万物的本原。

【原 文】

业既成熟[1]，即从父母禀受二气，与业识和合，成就人身。据此，则心识所变之境，乃成二分[2]，一分即与心识和合成人，一分不与心合，即是天地、山河、国

**邑。三才中唯人灵者，由与心神合也。佛说内四大与外四大不同[3]，正是此也。**

【注 释】

［1］业既成熟：指六粗相中第六业系苦相。

［2］二分：心识变现世界的两个部分，一是变现有情根身，二是变现无情万法。

［3］内四大：人身之内的地、水、火、风四大元素，皮肉为地，精血为水，暖气为火，呼吸为风。内，指对藏识中的种子有执受。外四大：指身外的地、水、火、风四种元素。外，指对藏识中的种子没有执受。

【译 文】

据此可知，心识所变化出来的外境有两个发展方向：一部分与心识结合成为人，另一部分则不与心识结合，就发展出天地、山河、国土之类。天、地、人三才中，只有人是最具有灵性的，这是由于人与心识相和合的缘故。佛教讲人身体内的四大要素与身体外的四大要素不同，也正是指此。

【提 要】

上述从末至本的节节破斥，又从本至末的节节会通，显现了真性的本体作用，揭示了修学的一般原则，即弃末归本、返照心源，从自心入手发明本性。去除一切粗细等妄念，自然就成法身佛、报身佛、化身佛。

【原 文】

哀哉寡学，异执纷然。寄语道流[1]，欲成佛者，必须洞明粗细本末[2]，方能弃末归本，返照心源。粗尽细除，灵性显现，无法不达，名法、报身[3]，自然应现无穷，名化身佛[4]。

【注 释】

[1] 道流：学道者流，即修学佛法的人。

[2] 粗细本末：粗细，指心的妄念，三细六粗。本末，指诸教的了与不了。

[3] 法、报身：即佛的法身和报身，或称法身佛和报身佛，与化身佛合为三身佛。法身是佛以法成身，一身具足一切佛法，指法性和功德。报身指以佛的法身之因通过修习而获得的佛果之身。

[4] 化身佛：佛的变化之身，指佛为了适应不同的需要而显现的佛身。

【译 文】

那些学识浅薄的人，有种种不同的执着，这是多么悲哀啊！学道的人，我要告诉你们，你们要想成佛的话，就必须清楚地知道什么是粗、什么是细、什么是本、什么是末，这样才能舍弃枝末、回归本根、返回自心、内照本原。除尽心中的粗细妄念，灵知真性就能显现出来，没有一法不能达到，这就是法身佛、报身佛；具有无穷的变化就是化身佛。

# 附 录

## 华严原人论序①

裴休 撰

经云："文字性空。"又曰："无离文字而说解脱，必曰舍文字然后见法，非见法者也。"圭峰禅师，诞形于西充，通儒于遂宁，业就，将随贡诣有司，会有大德僧道圆，得法于洛都

① 宋代净源法师《原人论发微录》卷上全文收录此文，但他认为此序为《法集》之序。

荷泽大师嫡孙南印，开法于遂州大云寺，师游座下，未及语，深有所忻慕，尽取平生所习捐之，染削为弟子，受心法。他日，随众僧斋于州民任灌家，居下位，以次受经，遇《圆觉了义》，卷末[①]终轴[②]，感悟流涕，归以所悟告其师，师抚之曰："汝当大弘圆顿之教，此经诸佛授汝耳，行矣，无自滞于一隅也。"师稽首泣，奉命北去，抵襄汉，会初有自京师负云花观大师《华严疏钞》至者，师一览，升座而讲，听者数千百人，远近大惊。然后至京师，诣云花寺，修门人之礼。北游清凉山，回住鄠县草堂寺，未几，复入寺南圭山，所至道俗归依者如市，得法者数百人。注《圆觉》大、小二疏，《华严》《金刚》《起信》《唯识》《四分律》《法界观》，皆有章句。自是圆顿之教大行于世。其他，原人道之根本，会禅教之异同，皆随扣而应，待问而答。或徒众远地，因教诫而成书；或门人告终，为安心而演偈。或熙怡于所证之境，告示初心；或偃仰于所住之山，歌咏道趣。其文广者[③]，其理弥一；其语简者[④]，其义弥圆。门弟子集而编之[⑤]，成十卷，昭昭然，定慧之明镜也。禅师以法界为堂奥，教典为庭宇，慈悲为冠盖，众生为园林，终日赞述，未尝以文字为念，今所传者，盖荆山之人以玉

① 末：《发微录》作"未"字。

② 轴：《发微录》作"品"字。

③ 者：《发微录》作"著"字。

④ 者：《发微录》作"省"字。

⑤ 《发微录》本"之"字后有"凡若干篇"一句。

抵鹊，而为行路之所宝也。余高枕于吾师户牖之间久矣，知者不言，则后代何以仰吾师之道乎？于是粗举其大节，以冠于首。

——录自《缩刷藏》阳三

# 华严原人论后序

李纯甫　撰

草堂禅师佩曹溪心印，注《华严法界观》，疏《圆觉经》，又恐其理甚深，世俗未辨，著《原人论》，而学者犹苦其难入。盖唯心之旨，非自悟者不能信受也。后三百岁白衣弟子李纯甫又作睡语，题其端云：

如人初梦，一刹那顷，根身器界、异类众生，一时顿现，种种各别，一念力顿成就，具足无量境界，觉人呼觉，始知梦中元无我、人、众生、寿者诸相，亦无地、水、火、风等物，毕竟虚空，唯依第六意识，以为根本。然则觉人所见山河大地，十二类生，并自身相，唯依第八业识，其理晓然，无可疑焉。有大觉者，开说真空始故，长夜宛如大梦，等无有异，儒者、道者，梦中说梦，未知是梦。复有既知是梦，恋着梦境，不知觉寤，佛为世人开说人天乘。复有既知是梦，厌恶梦境，不知睡眠，佛为是人开说声闻、缘觉二乘。复有既知是梦，故无恋着，亦无厌恶，寤寐自如，佛为是人开说菩萨最上大乘。于大乘中，复有未知梦囮妄念而有境界，佛为是人说法相教。

复有未知本无妄念，梦境亦空，佛为是人说破相教。复有未知梦中之人即世觉者，佛为是人说显性教。故知众生本来成佛，初发心时即登正觉，示起于座便入涅槃。《原人》一论，即觉者之一呼也！绎其首尾，大略如此，法同寝者，应如是观。

——录自《缩刷藏》阳三

# 宗密与澄观书信三篇

## 圭峰定慧禅师遥禀清凉国师书

宗密 撰

宗密庆以天幸，窃禀和尚《华严疏》文，虽乖礼足，且解生焉。宗密恨以累有事故，不获早赴起居，下情伏增惶惧。既未系目，敢自陈心。若不粗述本缘，宁表诚素？欲书实语，恐尘渎视听。进退无已，伏惟照恕，幸甚。

宗密本巴江一贱士，志好道而不好艺，纵游艺而必欲根乎道。自龆年洎弱冠，虽则《诗》《书》是业，每觉无归，而复傍求释宗，薄似有寄，决知业缘之报，如影响应乎形声，遂止荤茹，考经论，亲禅德，狎名僧。庄居屡置法筵；素服滥尝覆讲。但以学亏极教，悟匪圆宗，不造心源，惑情宛在。

后遇遂州大云寺圆和尚法门，即荷泽之裔也，言下相契，师资道合，一心皎如，万德斯备。既知世业事艺本不相关，方始落发披缁，服勤敬事，习气损之又损，觉智百炼百精。然于身心因果，犹怀漠漠，色空之理，未即于心。遂屡咨参，方蒙授与终南大师《华严法界观门》，佛法宝藏，从此顿彰。同志四人，琢磨数载，一句中理论，则通宵未休，一事中义旨，则尘沙莫算。达水常湿，宁疑波湛之殊？悟镜恒明，不惊影像之变。净刹秽土，非坏非成，诸佛众生，何起何灭？由是念包三世，同时互促互延；尘与十方，全体相即相入。多生谬计，反复枉受于沈沦；今日正观，始觉元同于大用。然后所显境界，离情则随照分明，能诠《大经》；配文则难为通会，章句浩博。因果重叠，理虽一味，势变多端。差别义门，罔尽血脉，不知科段，意莫连环。纵使历诸讲场，不添己悟。名相繁杂，难契自心。

宗密谓言，章疏例只如斯，遂休心传教，适志游方，但以终南观门为助缘，以离情顺智为自力。照融通法界而栖托，指事理悬说为利他。以梦幻身心，游影像世界。神冥妙境，智历义门。跋涉江山，至于襄汉，于恢觉寺遇灵峰阇梨，即和尚门下一哲人也。寝疾数月，渐至羸极。相见三日，才通其情，愿以同声之分，《经》及《疏钞》，悉蒙授与，议论未周，奄然仙逝。斯则夙缘法会，忍死待来，若见若闻，无不叹讶。

宗密渴逢甘露，贫遇摩尼，腾跃之心，手捧而舞。遂于此山返关绝迹，忘飡辍寝，夙夜披寻，以《疏》通《经》，以《钞》释《疏》。寻文而性离，照理而情忘，偶之于心，会之于教，穷本究末，宗途皎如，一生余疑，荡如瑕翳。曾所习义，于此大通，外境内心，豁然无隔。诚所谓太阳升而六合朗耀，巨海湛而万象昭彰。妙德妙智而顿开，普贤普行而齐现。

五周四分，一部之纲在纲；六相十玄，三乘之流会海。义则色空同于中道，教则权实融于圆宗。理则体用即寂，而性相宛然；智则凡圣混同，而因果不坏。显随缘而不变，弘经则理趣周圆。指幻而识真，修观则禅心旷荡，使九会经文无不契心，由斯可谓契经矣！使一真心地无不印经，由斯可谓心印矣！是知执三藏文者，诚为失道；局一性义者，犹未圆通。想夫斯流，固宜绝分，声闻聋瞽，谅不虚哉！

宗密未遇《疏》前，每览古今著述，在理或当，所恨不知和会。禅宗、天台，多约止观，美则美矣，且义势展转滋蔓，不直示众生自心行相，虽分明入处，犹历渐次。岂如《问明》释文殊偈，印灵知而心识顿祛？《悬谈》开《分齐章》，显真空而相用繁起？起不异性故，事事融通；通而互收故，重重无尽。悟此则全同佛果，方是圆因，随缘造修，无非称体。开顿渐禅要，可以此为楷模；传权实教门，可以此为轨范。药得雪山善见，群疾俱消；宝获沧海摩尼，千珍随念。况悬文卷半，诸义尽包，备覈源流，遍穷名体，然后融成本部，全拣全收。苟能精之，已领百家之文义，少功多获，要在兹焉。凡曰释流，孰不可习？

宗密夙生多幸，同种善根，遇如是经，逢如是疏，倾于王馐，未敢即飡。今得明文印决，心意泰然，誓愿生生尽命弘阐。当时便被僧尼徒众因请赞扬，务自温习，课虚顺命，但依文配读而已，巨足以发明于人？为显圆宗，多惊抚掌，爰有宿机坚种，闻即禀承。从始洎终，可数十人，誓愿修学。盖兹疏文玄妙，传之不虚，岂以微才能感如是？

襄阳讲罢，暂往东都礼祖师塔，便拟驰赴拜觐。盖缘夏逼，且止永穆寺，襄阳徒众迤逦访寻，再邀第二遍讲，复闻兹经，遂允众请，许终悬《疏》，却赴上都。今月七日才毕，听徒泰恭遂断一臂，云“自庆所逢之法，玄妙难思，用表恳诚，厥愿修学”。此乃和尚道威德洽，教令将行，门下宗枝，有斯精苦。伊且割截支体，伤断筋骨，都无痛恼，神色宛然。自初至今，身心仍旧，若道若俗，无不异之。观智之功，感应昭著。时台省询验，事迹分明，留守崇敬《大经》，已申中书门下。据伊本意，岂尽显扬？然发起门，亦借旌表。沿伊手疮示愈，官司牒寺，委令将养，未便游行。以此礼觐转见迟违，下情无任，伏增惶惧。谨差听徒僧玄珪、智辉先具申述。宗密才微语拙，领悟难陈，伏乞慈悲，特赐摄受，幸甚！不备。学徒宗密惶恐百拜上。

华严疏主清凉国师大和尚

唐元和六年辛卯岁九月十三日东都上

## 清凉国师诲答

十月十二日玄珪、智辉至，得汝书，遥申师敬，备述行迹，领大教之玄趣，说传赞事，诚感悽然心纳矣。吾自传扬，或面言心授，或展转分照，盈于异域。然仲尼倾盖，伯牙辍絃，亦借形声矣。不面而传，得旨系表，意犹吾心，未知有也，非凭圣力，必借夙因，当自慰尔。转轮真子，可以喻也！泰恭断臂，重法情至，加其恳祷，然半偈忘躯，一句投火，教有文矣。意存身外，有重法之宝尔，宜诫之！后学勿使效之。当断其情虑，勿断其形骸，当断其妄心，无斩其肢分，则浅识异学，安其所不惊视？苟俗无发肤之诫，则玄化不广而自博矣。汝当笃志幽趣，倘得一面，印所悬解，复何嘉焉！如忽缘阻，但当心契玄极，岂山河形声所能隔哉？勉之，不多云。老僧澄观付

宗密法子收。

## 十月二十三日学徒宗密裁书再拜

本讲华严疏主：

玄珪、智辉回，伏奉诲示，纳所微悟，许厕法席，顶戴奉持，不任忻惧。多惭陋质，未效勤劳，空呈寸心，坐蒙收采，自惊侥倖，喜极成悲。伏蒙慈愿弘深，降斯过分，一经印决，顿觉光辉，学流进功，时辈增仰，幸甚！宗密便欲奔赴给侍，缘泰恭臂疮未愈，慎风，不敢冒路，再三涕泣，愿侍随行。念伊迹苦，不忍弃遗，伏惟照察。不备。学徒宗密再拜上本讲华严疏主。

——三篇书信录自《圆觉经大疏》卷下之二所附

# 宗密生平自述

宗密髫专鲁诰，冠讨竺坟，俱溺筌罤，唯味糟粕，幸于涪上，针芥相投，禅遇南宗，教逢斯典。一言之下，心地开通，一轴之中，义天朗耀，顷以道非常道，诸行无常，今知心是佛心，定当作佛，然佛称种智，修假多闻，故复行诣百城，坐探群籍，讲虽滥泰，学且师安，叨沐犹吾之纳，谬当真子之印。再逢亲友，弥感佛恩，久慨孤贫，将陈法施，采集《般若》，纶贯《华严》，提挈《毗尼》，发明《唯识》，然医方万品，宜选对治，海宝千般，先求如意。观夫文富义博，诚让《杂华》，指体投机，无偕《圆觉》。故参详诸论，反覆百家，以利其器，方为疏解。

——录自《圆觉经大疏·本序》

《疏》"宗密髫专鲁诰"下，二述造《疏》因缘也。文五：一、双迷道德，二、顿悟教理，三、双结述悟，四、渐修行解，五、宗师忍可。

今初也。髫者，陆《韵》云"小儿发"也，髫龀之年，谓十岁之间矣。鲁诰即儒教也。教主姓孔，名丘，字仲尼，鲁国人也。为鲁大夫，故云夫子。今目其国，故云鲁也。诰即典诰，故《尚书》有《大诰》《康诰》《酒诰》《洛诰》《仲虺之诰》《梓材之诰》等篇名矣。

《疏》“冠讨竺坟”者，冠谓束发戴冠，即年二十当冠带之岁也。谓古人准礼，皆二十冠带，三十婚娶，四十而仕，故呼年二十为弱冠之年。竺坟者，即释教也。竺谓天竺国，坟亦典籍，谓三皇五帝之书，谓之坟典，说大道常道也。今用此方之语，以目佛教中经论也。言髫冠者，初习之间岁数，非的指十岁及二十岁也。实而言之，即七岁乃至十六七岁为儒学，十八九、二十一二之间，素服庄居，听习经论，二十三又却全功专于儒学，乃至二十五岁过禅门，方出家矣。

《疏》“俱溺筌罤，唯味糟粕”者，意言俱专，文言不得其意，且儒教宗意在道德仁义、礼乐智信，不在于驰骋名利。所令扬名后代者，以道德孝义为名，不以官荣才艺为名。释教宗意通达自心，修习定慧，具于悲智，不在立身事业。当时虽习之而迷之，故云尔也。筌者，南人捕鱼之器。蹄者，兎迹，或作“罤”字，即网兔之器，罝之类也。《周易略例》云：“言生于象，言从象生也。故可寻言以观象。象生于意，象从意生。故可寻象以观意。意以象尽，象以言著，故得象忘言，得意忘象。犹蹄者所以在兔，得兔而忘蹄，筌者所以在鱼，得鱼而忘筌。然则言者，象之蹄也。象者，意之筌也。存言者非得象，存象者非得意。象生于意而存象焉，则所存者乃非其象也。言生于象而存言焉，则所存者乃非其言也。”解曰：以蹄喻言，以筌喻象，筌入水不可见，蹄在陆而可观，详之可知矣。又，象通能所、兔筌二事，总喻于象，望能望所，其义异故。又云："然则忘象者，乃得意也，忘言者，乃得象也，得意在忘象，得象在忘言。"故立象以尽意，而象可忘也。彼此更有牛马等象，亦要可以穷此一门深义，具引在别卷。

《疏》"唯味糟粕"者，酒糟麻粕也。《庄子·外篇》云："世之所贵道者，书也。书不过语，语有贵也。语之所贵者，意也。意有所随，意之所随者，不可以言传也。而世人因贵言传书，世虽贵之哉，犹不足贵也，为其贵非其贵也。所贵恒在意言之表。故视而可见者，形与色也；听而可闻者，名与声也。悲夫！世人以形色、名声为足以得彼之情。夫形色、名声，果不足以得彼之情，得彼情唯忘情遣言。则知者不言，言者不知，而世岂识之哉？此绝学去尚之意也。恒公读书于堂上，轮扁斫轮于堂下，释椎凿而上，问恒公曰：'敢问公之所读者，为何言耶？'公曰：'圣人之言也。'曰：'圣人在乎？'公曰：'已死矣。''然则君之所读者，古人之糟粕乎夫！'恒公曰：'寡人读书，轮人安得议乎？有说则可，无说则死。'轮扁曰：'臣也以臣之事观之。臣常斫轮，徐则甘而不固，疾则苦而不入，不徐不疾，得于手而应于心，口不能言，有数存焉于其间。臣不能以喻臣之子，臣之子亦不以受之于臣，是以行年七十而老斫轮，此立物各有性，教学之无益也。古之人与其不可传也，死矣，然则君之所读者，古人之糟粕已矣。'"

《疏》"幸于涪上，针芥相投"下，二、顿悟教理也。涪是东川江名，山剑之南，巴蜀之水皆名江也。山南梁洋是汉江，果、阆州嘉陵江，东川涪江，西川导江，且之陀江、锦江。遂州在涪江南西岸。宗密家贯果州，因遂州有义学院，大阐儒宗，遂投诣进业。经二年后，和尚从西川游化至此州，遂得相遇，问法契心，如针芥相投也。……

《疏》“禅遇南宗”者，和尚所传，是岭南曹溪能和尚宗旨也。“教逢斯典”者，宗密为沙弥时，于彼州因赴斋请，到府吏任灌家，行经之次，把著此《圆觉》之卷，读之两三纸，已来不觉身心喜跃，无可比喻。自此耽玩，乃至如今，不知前世曾习，不知有何因缘，但觉耽乐彻于心髓。访寻章疏及诸讲说匠伯，数年不倦。前后遇上都报国寺惟慤法师《疏》一卷，先天寺悟实禅师《疏》两卷，荐福寺坚志法师《疏》四卷，北都藏海寺道诠法师《疏》三卷，皆反复研味，虽互有得失，皆未尽经之宗趣分齐。虽逢讲者数人，亦无异萤烧妙高矣。下经之以思惟心测度如来圆觉境界，如取萤火烧须弥山，终不能著。良由此经具法性、法相、破相三宗经论，南北顿渐两宗禅门，又分同华严圆教，具足悟修门户，故难得其人也。宗密遂研精覃思，意无疲厌，后因攻《华严》大部，清凉《广疏》，穷本究末，又遍阅藏经，凡所听习、咨询、讨论、披读，一一详对《圆觉》，以求旨趣。至元和十一年正月中，方在终南山智炬寺出科文科之，以为纲领。因转藏经，兼对诸疏，搜采其义，抄略相当，纂为两卷。后却入京都，每私检之，以评经文，亦未敢修疏纶绪。因为同志同徒评量数遍，渐觉通彻，不见疑滞之处。后自觉化缘劳虑，至长庆元年正月，又退在南山草堂寺，绝迹息缘，养神炼智。至二年春，遂取先所制《科文》及两卷《纂要》，兼采数十部经论，数部诸家章疏，课虚扣寂，率愚为《疏》，至三年夏终，方遂终毕。……

《疏》“故复行诣”下，正明渐修也。……言“坐探群籍”者，问道求法即行，披览典教，理然是坐，亦意在以行坐为对也。宗密比所遇释门中典籍，未有不探讨披览，且终南智炬寺，誓不下山，遍转经藏三年。愿毕方下山，或京城，或城外，云居、草堂、丰德等寺，皆是寻讨教，余随处随时，不可具记，自年十七八，乃至今垂半百，未曾断绝，故云“探群籍”也。

《疏》“讲虽”下，五、宗师忍可也。“讲滥泰”者，古来相传，有“蒲州不听泰，淄州半遍沼”。彼是聪慧上德，不听而讲，余是遇末之流，宿生有小缘种，披寻《华严》章疏，薄见端倪。未见疏主承禀之时，在襄州、东都，先已辄讲两遍，事迹似于古德，而贤愚不齐，故云滥也。而云虽者，明在禀承复，非不听而已，故次云“学且师安”也，谓元和五年于襄州初讲一遍，六年于东都再讲，事迹具在上疏主状中所述，可依叙之。然后入上都，亲事疏主，数年请益。初二年间，昼夜不离，后虽于诸寺讲传，每月长两上听受菩提心戒，乃至无量法门，有疑则往来咨问不绝。言“师安”者，即道安法师，当代之日，天下所宗，自后时人，皆云“学不师安，义不堪难”。

《疏》“叨沐犹吾之纳”者，在东都日，因讲次，有门人泰恭，断臂庆法，留守郑余庆相公申上中书取裁，缘文状中云是华严门下，虑宰相寻问疏主虚实。疏主既未委识，恐不招承，遂修状具述所领解二十卷疏中关节、大部经文品会血脉七八纸来，差小师玄珪、智辉申上疏主，以明讲非孟浪。疏主连笺批示，云："得书，领大教旨趣，凄然心纳矣。吾自传扬，或面言心受，亲听。或展转分照，于门下诸学士处听得。盈乎异域，新罗、渤海两国，皆有此《疏》行。然仲尼倾盖，伯牙绝絃，皆古之贤人两心相见知音之故事也。此意在后，故以'然'字隔。亦籍形声矣。意云虽悬通道合，亦籍形声，汝未见吾形，未闻说法声，便领吾意，超于古也。不面而传，得旨系表，意云得大教深旨，出于系象之外。意犹吾心，犹者，似。汝见解不异吾也。未之有也。即此是明'超古'之词。"释曰：今言叨沐等者，是此书中语意，以书中云"意犹吾心"，及云"凄然心纳"，故今云尔。……

《疏》"再逢亲友"下，三、造疏之意也。于中三：一、发心弘法，二、且制诸疏，三、正述本意。

今初也。"再逢亲友"者，有其二意：一者，初已遇遂州和尚，禀受禅门，今又逢疏主和尚，即是"再"也；二者，二师皆是再逢，以一闻便悟，决知宿世已逢，故云"再"也。……

《疏》"弥感佛恩"者，弥是转发深之义，谓未悟禅门，未讲《华严》已前，或因转读，或因听闻，每见经文说诸佛恩深，又自庆闻法，已感佛恩。今因了悟自心，讲华严宗部，深见诸佛菩萨多劫苦行弘护大法、哀愍众生之迹，又悟大教义味无边。若非释迦降迹出现，演说此门，而我由何得至此地？故所感恩，弥深弥厚。……

《疏》“采集”等者，二明且造诸疏，即显前法施之事也，著述名教，以训后来，令佛种不断故。“采集般若”者，由见般若破相是诸佛母，祖师深赞，遂以元和十四年于兴福寺采集无著、天亲二论，大云等《疏》，肇公等《注》，纂其要妙，以释《金刚般若经》也，勒成《疏》一卷，《钞》一卷。

“纶贯《华严》”者，则见《华严》称性之法，恢廓宏远，实可宗承，但以文富义博，后学者难见涯畔。《疏》《钞》浩大，迷于经意，致令后辈轻于《大经》。云“讲《华严》《涅槃》”者，但是转经之流，或云卷经之辈。故长庆二年，于南山丰德寺以《疏》中关节纶次贯于一部经文，令讲者克意记持经文，以将释于此《疏》，勒成五卷，题云《华严纶贯》。

“提挈毗尼”者，因遍讨大毗尼藏五部律等，又听《四分》新章，见律文繁广，事数重叠，或是天竺风俗之事，不关此方，传者骋于重重句数，致令修持者不知克实要用之处。遂以长庆三年夏，于丰德寺因听次，采集律文、疏文行人要行用者，提举纂出，接引道流，勒成三卷。

“发明《唯识》”者，然唯识宗旨，释教之纲，诸论浩瀚，诸师差别，致使学者但于部帙句偈熟寻唯识之名言，不就自心寻伺诸法唯是我心识之行相。遂以元和十四年冬至十五年春，于上都兴福、保寿等寺，采缀《大论》《大疏》精纯正义，以释《三十本颂》，勒成两卷，显发彰明唯识宗趣，令人易见诸法唯是自心之义理，故名“发明唯识”也。……

《疏》“故参详诸论，反复百家，以利其器，方为疏解”者，第四正制此经疏也。根本始自元和十一年春，于南山智炬寺下笔科判，及搜检四家《疏》义，集为两卷，私记检之，以评经文，被于禅学之辈。中间至长庆二年于草堂寺再修为《疏》，并开数十段章门，至三年秋冬方得终笔。言“诸论”者，《起信》《唯识》《宝性》《佛性》《中观》《诸摄》《摄大乘论》自有数本。《智度》《瑜伽》也。

——录自《圆觉经大疏钞》卷一之下

余先于大小乘、法相教中发心习学数年，无量疑情求决不得，后遇南宗禅门真善知识，于始终根本、迷悟升沉之道，已绝其疑。至于诸差别门，心境本末，修证行位，无量义门，及权实教，犹未通决。每因思惟观照，或因披寻诸经、律、论，至相违之文，屈曲之意，迷疑之处，智则结滞，如水流之吹风冻结冰，则不能通流，心情郁快，亦如此也。自习此教，一一泮释，如冰在日中，亦如汤沃霜雪。

——录自《圆觉经大疏钞》卷十三之下

此忏悔、劝请、随喜、回向、发愿等五门，并是宗密大和元年从九月终一冬，独自初入圭峰，结方丈草屋，自述己心迹，从始至今迷错之念，而《忏》《愿》等文已。后觉此文亦通一切修行人心，诸便删减偏属己之事，润饰之，以通诸人用之。

——录自《圆觉经道场修证仪》卷八

# 唐故圭峰定慧禅师传法碑 井序

裴休 撰

圭峰禅师，号宗密，姓何氏，果州西充县人，释迦如来三十九代法孙也。释迦如来在世八十年，为无量人、天、声闻、菩萨说五戒、八戒、大小乘戒、四谛、十二缘起、六波罗蜜、四无量心、三明、六通、三十七品、十力、四无畏、十八不共法、世谛、第一义谛，无量诸解脱三昧总持门，菩提涅槃，常住法性，庄严佛土，成就众生，度天人，教菩萨，一切妙道，可谓广大周密。廓法界于无疆，彻性海于无际，权实、顿渐，无遗事矣。最后独以法眼付大迦叶，令祖祖相传，别行于世，非私于迦叶而外人、天、声闻、菩萨也。顾此法，众生之本源，诸佛之所证，超一切理，离一切相，不可以言语、智识、有无、隐显推求而得，但心心相印，印印相契，使自证知，光明受用而已。自迦叶至达摩，凡二十八世，达摩传可，可传璨，璨传信，信传忍，为五祖。又传融，为牛头宗。忍传能，为六祖。又传秀，为北宗。能传会，为荷泽宗，荷泽于宗为七祖。又传让，让传马，马于其法为江西宗。荷泽传磁州如，如传荆南张，张传遂州圆。又传东京照。圆传大师，大师于荷泽为五世，于达摩为十一世，于迦叶为三十八世，其法宗之系也如此。

大师本豪家，少通儒书，欲干世以活生灵。偶谒遂州，遂州未与语，退游徒中，见其俨然若思而无念，朗然若照而无觉，欣然慕之，遂削染受教。道成，乃谒荆南，荆南曰："传教人也，当盛于帝都。"复谒东京照，照曰："菩萨人也，谁能识之？"后谒上都华严观，观曰："毗卢花藏，能随我游者，其汝乎！"

初在蜀，因斋次受经，得《圆觉》十二章，深达义趣，遂传《圆觉》。在汉上，因病僧付《华严句义》，未尝听受，遂讲《华严》，自后乃著《圆觉》《华严》及《涅槃》《金刚》《起信》《唯识》《盂兰》《法界观》《行愿经》等疏钞及《法义类例》《礼忏》《修证》《图》《传》《纂略》，又集诸宗禅言为《禅藏》，总而叙之，并酬答、书、偈、议、论等，凡九十余卷，皆本一心而贯诸法，显真体而融事理，超群有于对待，冥物我而独运矣。

议者以大师不守禅行而广讲经论，游名邑大都，以兴建为务，乃为多闻之所役乎，岂声利之所未忘乎？

嘻！议者焉知大道之所趣哉？夫一心者，万法之总也，分而为戒、定、慧，开而为六度，散而为万行。万行未尝非一心，一心未尝违万行。禅者，六度之一耳，何能总诸法哉？且如来以法眼付迦叶，不以法行，故自心而证者为法，随愿而起者为行，未必常同也。然则一心者，万法之所生而不属于万法，得之者则于法自在矣，见之者则于教无碍矣。本非法，不可以法说，本非教，不可以教传，岂可以轨迹而寻哉？自迦叶至富那奢凡十祖皆罗汉，所度亦罗汉。马鸣、龙树、提婆、天亲，始开摩诃衍，著论释经，摧灭外道，为菩萨唱首。而尊者阇夜独以戒力为威神，尊者摩罗独以苦行为道迹，其他诸祖，或广行法教，或专心禅寂，或禅蜕而去，或火化而灭，或攀树以示终，或受害而偿债。是乃法必同而行不必同也。且循辙迹者非善行，守规墨者非善巧。不迅疾无以为大牛，不超过无以为大士。

故大师之为道也，以知见为妙门，寂净为正味，慈忍为甲盾，慧断为剑矛，破内魔之高垒，陷外贼之坚阵，镇抚邪杂，解释缧笼。遇穷子，则叱而使归其家，见贫女，则呵而使照其室。穷子不归，贫女不富，吾师耻之。三乘不兴，四分不振，吾师耻之。忠孝不并化，荷担不胜任，吾师耻之。避名滞相，匿我增慢，吾师耻之。故遑遑于济拔，汲汲于开诱。不以一行自高，不以一德自耸。人有依归者，不俟请则往矣；有求益者，不俟愤则启矣。虽童幼，不简于敬接；虽骜佷，不怠于叩励。其以阐教度生、助国家之化也如此。故亲大师之法者，贪则施，暴则敛，刚则随，戾则顺，昏则开，堕则奋，自荣者慊，自坚者化，徇私者公，溺情者义。凡士俗，有舍其家，与妻子同入其法，分寺而居者；有变活业，绝血食，持戒法，起家为近住者；有出而修政理，以救疾苦为道者；有退而奉父母，以丰供养为行者。其余憧憧而来，欣欣而去；扬袂而至，实腹而归。所在甚众，不可以纪。真如来付嘱之菩萨，众生不请之良友。其四依之人乎？其十地之人乎？吾不识其境界、庭宇之广狭深浅矣！议者又焉知大道之所趣哉？

大师以建中元年生于世，元和二年印心于圆和尚，又受具于拯律师。大和二年庆成节，征入内殿问法要，赐紫方袍，为大德。寻请归山，会昌元年正月六日坐灭于兴福塔院，俨然如生，容貌益悦，七日而后迁于函，其自证之力可知矣。其月二十二日，道俗等奉全身于圭峰，二月十三日荼毗，初得舍利数十粒，明白润大，后门人泣而求诸煨中，必得而归，今悉敛而藏于石室，其无缘之慈可知矣。俗岁六十二，僧腊三十四，遗戒深明形质不可以久驻，而真灵永劫以长存，乃知化者无常，存者是我，死后舁施虫犬，焚其骨而散之，勿墓，勿塔，勿悲慕以乱禅观。每清明上山，必讲道七日而后去，其余住持法行，皆有仪则，违者非我弟子。今皇帝再阐真宗，追谥"定慧禅师"、"青莲"之塔，则塔不可以不建，石不可以不斫，且使其教自为一宗而学者有所标仰也。门人达者甚众，皆明如来知见而善说法要，或岩穴而息念，或都会而传教，或断臂以酬德，或白衣以沦迹，其余一礼而悟道，终身而守护者，僧尼四众数千百人，得其氏族，道行可传于后者，纪于别传。

休与大师于法为昆仲，于义为交友，于恩为善知识，于教为内外护，故得详而叙之，他人则不详。铭曰：

如来知见，大事因缘。祖祖相承，灯灯相燃。分光并照，显说密传。

摧邪破魔，证圣登贤。渐之者入，顿之者全。孰绍孰兴？圭峰在焉。

甚大慈悲，不舍周旋。以引以翼，恐迷恐颠。直示心宗，傍罗义筌。

广收远取，无弃无捐。金汤魔城，株杌情田。销竭芟伐，大道坦然。

功高觉场，会盛法筵。不染而住，淤泥青莲。性无去来，运有推迁。

顺世而叹，众生可怜。风号晚野，钟摧夜川[①]。舍筏而去[②]，溺者谁前？

岩崖荆榛，阻绝危悬。轻锡而过，踣者谁肩？不有极慈，孰能后先？

吾师何处？复建桥船。法指一灵，徒余三千。无负法恩，永以乾乾。

——录自《裴休定慧禅师碑》（影印拓本）

---

① 钟摧夜川：碑文“钟摧”两字磨损，“夜川”两字缺，今依《全唐文》补。但《全唐文》本中“摧”作“推”，查原碑影印本，当为“摧”字。

② 舍筏而去：碑文“舍筏”二字缺，今依《全唐文》补。

# 草堂和尚

静、筠 撰

师讳宗密，未睹行录，不叙终始。师内外谚瞻，朝野钦敬，制数本大乘经论《疏钞》、《禅诠》百卷、《礼忏》等，见传域内。臣相裴休深加礼重，为制碑文，询奂射人，颇彰时誉。敕谥“定慧禅师”、青莲之塔。

有时史山人十问草堂和尚。

第一问曰：“云何是道？何以修之？为复必须修成，为复不假功用？”

禅师答曰：“无碍是道，觉妄是修，道虽本圆，妄起为累。妄念都尽，即是修成。”

第二问曰：“道若因修而成，即是造作，便同世间法，虚伪不实，成而复坏，何名出世？”

师答曰：“造作唯是结业，名虚伪世间，无作是修行，即真实出世。”

第三问曰：“其所修者，为顿为渐？渐则忘前失后，何以集合而成；顿即万行多方，岂得一时圆满？”

师答曰：“真理即悟而顿圆，妄情息之而渐尽。顿圆如初生孩子，一日而肢体已全；渐修如长养成人，多年而志气方立。”

第四问曰：“凡修心地之法，为当悟心即了，为当别有行门？若别有行门，何名南宗顿旨？若悟即同诸佛，何不发神通光明？”

师答曰：“识冰池而全水，借阳气而熔融；悟凡夫而即真，资法力而修习。冰消则水流润，方呈溉涤之功；妄尽即心灵通，始发通光之应。修心之外，无别行门。”

第五问曰：“若但修心而得佛者，何故诸如经复说必须庄严佛土、教化众生，方名成道？”

师答曰：“镜明而影像千差，心净而神通万应，影像类庄严佛国，神通即教化众生，庄严而即非庄严，影像亦色而非色。”

第六问曰：“诸经皆说度脱众生。且众生即非众生，何故更劳度脱？”

师答曰：“众生若是实，度之即为劳。既自云‘即非众生’，何不例度而无度？”

第七问曰：“诸经说佛常住，或即说佛灭度。常即不灭，灭即非常，岂不相违？”

师答曰：“离一切相即名诸佛，何有出世、入灭之实乎？见出没者在乎机缘，机缘应即菩提树下而出现，机缘尽即娑罗林间而涅槃。其犹净水无心，无像不现。像非我有，盖外质之去来；相非佛身，岂如来之出没？”

第八问曰："云何佛化所生吾如彼生？佛既无生，生是何义？若言心生法生，心灭法灭，何以得无生法忍耶？"

师答曰："即云如化，化即是空，空即无生，何诘生义？生灭灭已，寂灭为真，忍可此法无生，名曰无生法忍。"

第九问曰："诸佛成道说法，只为度脱众生，众生既有六道，佛何但住在人中现化？又，佛灭后付法于迦叶，以心传心，乃至此方七祖，每代只传一人，既云于一切众生皆得一子之地，何以传授不普？"

师答曰："日月丽天，六合俱照，而盲者不见，盆下不知，非日月不普，是障隔之咎也。度与不度，义类如斯，非局人天，拣于鬼畜，但人道能结集传授不绝，故只知佛现人中也。灭度后委付迦叶，展转相承一人者，此亦盖论当代为宗教主，如土无二王，非得度者唯尔数也。"

第十问曰："和尚因何发心？慕何法而出家？今如何修行？得何法味？所行得至何处地位？今住心耶？修心耶？若住心，妨修心。若修心，即动念不安，云何名为学道？若安心一定，即何异定性之徒？伏愿大德运大慈悲，如理如如，次第为说。长庆四年五月日史制诚谨问。"

师答曰："觉四大如坏幻，达六尘如空花，悟自心为佛心，见本性为法性，是发心也；知心无住，即是修行；无住而知，即为法味。住著于法，斯为动念，故如人入暗即无所见。今无所住，不染不著，故如人有目及日光明，见种种法，岂为定性之徒？既无所住著，何论处所阶位？同年同月二日，沙门宗密谨对。”史山人自后领讨论心地，乃至出家为道。

——录自《祖堂集》卷六

# 宗密传

赞宁　撰

释宗密，姓何氏，果州西充人也。家本豪盛，少通儒书，欲干世以活生灵，负俊才而随计吏。元和二年，偶谒遂州圆禅师，圆未与语，密欣然而慕之，乃从其削染受教。此年，进具于拯律师，寻谒荆南张，张曰："汝传教人也，当宣导于帝都。"复见洛阳照禅师，照曰："菩萨人也，谁能识之?"末见上都华严观，观曰："毗卢华藏，能随我游者，其唯汝乎!"

初在蜀，因斋次受经，得《圆觉》十二章，深达义趣，誓传是经。在汉上，因病僧付《华严句义》，未尝隶习，即尔讲之。由是乃著《圆觉》《华严》及《涅槃》《金刚》《起信》《唯识》《盂兰盆》《法界观》《行愿经》等疏钞，及《法义类例》《礼忏》《修证》《圆》《传》《纂略》，又集诸宗禅言为《禅藏》，总而序之，并酬答、书、偈、议论等，又《四分律疏》五卷，《钞》《悬谈》二卷，凡二百许卷，《圆》六面，皆本一心而贯诸法，显真体而融事理，超群有于对待，冥物我而独运矣。

密累入内殿，问其法要。大和二年庆成节，征赐紫方袍，为大德，寻请归山。会昌元年正月六日坐灭于兴福塔院，俨若平日，容貌益悦。七日，迁于函，其自证之力可知矣。其月二十二日，道俗等奉全身于圭峰，二月十三日荼毗，得舍利数十粒，明白而润大，后门人泣而求诸煨中，必得而归，悉敛藏于石室，其无缘之慈可知矣。俗龄六十二，僧腊三十四。遗诫令舁尸施鸟兽，焚其骨而散之，勿塔，勿得悲慕以乱禅观，每清明上山，必讲道七日而后去，其余住持仪则，当合律科。违者非吾弟子。

初，密道既芬馨，名惟烜赫，内众慕羶既如彼，朝贵答响又如此。当长庆、元和已来，中官立功执政者孔炽，内外猜疑，人主危殆。时宰臣李训酷重于密，及开成中，伪甘露发，中官率禁兵五百人出阁，所遇者一皆屠戮。时王涯、贾餗、舒元舆方在中书会食，闻难作，奔入终南投密。唯李训欲求剪发匿之，从者止之，训改图趋凤翔。时仇士良知之，遣人捕密入左军，面数其不告之罪，将害之。密怡然曰："贫道识训年深，亦知其反叛，然本师教法，遇苦即救，不爱身命，死固甘心。"中尉鱼恒志嘉之，奏释其罪，朝士闻之，扼腕出涕焉。

或曰："密师谓禅耶，律耶，经论耶?"则对曰："夫密者，四战之国也，人无得而名焉。都可谓大智圆明、自证利他大菩萨也。"是故裴休论撰云：

议者以师不守禅行而广讲经论，游名邑大都，以兴建为务，乃为多闻之所役乎，岂声利之所未忘乎?

嘻！议者焉知大道之所趣哉?夫一心者，万法之总也，分而为戒、定、慧，开而为六度，散而为万行。万行未尝非一心，一心未尝违万行。禅者，六度之一耳，何能总诸法哉？且如来以法眼付迦叶，不以法行，故自心而证者为法，随愿而起者为行，未必常同也。然则一心者，万法之所生而不属于万法，得之者则于法自在矣，见之者则于教无碍矣。本非法，不可以法说，本非教，不可以教传，岂可以轨迹而寻哉？自迦叶至富那奢凡十祖皆罗汉，所度亦罗汉。马鸣、龙树、提婆、天亲，始开摩诃衍，著论释经，摧灭外道，为菩萨唱首。而尊者闍夜独以戒力为威神，尊者摩罗独以苦行为道迹，其他诸祖，或广行法教，或专心禅寂，或禅蜕而去，或火化而灭，或攀树以示终，或受害而偿债。是乃法必同而行不必同也。且循辙迹者非善行，守规墨者非善巧。不迅疾无以为大牛，不超过无以为大士。

故师之为道也，以知见为妙门，寂净为正味，慈忍为甲盾，慧断为剑矛，破内魔之高垒，陷外贼之坚阵，镇抚邪杂，解释缧笼。遇穷子，则叱而使归其家，见贫女，则呵而使照其室。穷子不归，贫女不富，吾师耻之。三乘不兴，四分不振，吾师耻之。忠孝不并化，荷担不胜任，吾师耻之。避名滞相，匿我增慢，吾师耻之。故遑遑于济拔，汲汲于开诱。不以一行自高，不以一德自耸。人有依归者，不俟请则往矣；有求益者，不俟愤则启矣。虽童幼，不简于应接；虽鷔佷，不怠于叩励。其以阐教度生、助国家之化也如此。

故亲师之法者，贪则施，暴则敛，刚则随，戾则顺，昏则开，堕则奋，自荣者慊，自坚者化，徇私者公，溺情者义。凡士俗，有舍其家，与妻子同入其法，分寺而居者；有变活业，绝血食，持戒法，起家为近住者；有出而修政理，以救疾苦为道者；有退而奉父母，以丰供养为行者。其余憧憧而来，欣欣而去；扬袂而至，实腹而归。所在甚众，不可以纪。真如来付嘱之菩萨，众生不请之良友。其四依之人乎？其十地之人乎？吾不识其境界、庭宇之广狭深浅矣！议者又焉知大道之所趣哉？

其为识达大人之所知心为若此。密知心者多矣，无如升平相国之深者，盖同气相求耳。宣宗再阐真乘，万善咸秩，追谥曰"定慧禅师"，塔号"青莲"，持服执弟子礼四众，数千百人矣。

系曰：河东相国之论撰，所谓极其笔矣。然非夫人之为极笔，于他人岂极其笔乎？观夫影响相随，未始有异也。影待形起，响随声来。有宗密公，公则有裴相国，非相国曷能知密公？相续如环，未尝告尽，其二公之道如然。则知谛观法王法，则密公之行甚圆；应以宰官身，则裴相之言可度。今禅宗有不达，而讥密不宜讲诸教典者，则吾对曰：达磨可不云乎？吾法合了义教，而寡学少知，自既不能，且与烦惑相应，可不嫉之乎？或有诮密不宜接公卿而屡谒君王者，则吾对曰：教法委在王臣，苟与王臣不接，还能兴显宗教以不？佛言力轮，王臣是欤！今人之情，见近王臣者则非之，曾不知近王臣人之心，苟合利名，则谢君之诮也，或止为宗教亲近，岂不为大乎！宁免小嫌，嫌之者，亦嫉之耳。若了如是义，无可无不可。吁哉！

——录自《宋高僧传》卷六

# 五祖圭峰大师传

续法 撰

五祖讳宗密，号圭峰，师居是山，因得斯称。德宗建中元年生也，果州西充县人，俗姓何氏，家世业儒。师髫龀时，精通儒学，洎弱冠，听习经论，止荤茹，亲禅德。宪宗元和二年，将赴贡举，偶值遂州大云寺道圆禅师法席，问法契心，如针芥相投，遂求披剃，时年二十七也。

为沙弥时，一日随众僧斋于府吏任灌家，师居末座，以次授经，得《圆觉》十二章，读一二章，豁然大悟，身心喜跃。归，白于圆，圆曰：“此经诸佛授汝耳，汝当大弘圆顿之教。汝行矣！无滞一隅。”遂当年受具戒，奉命辞去。谒荆南忠禅师，忠曰：“传教人也。”复参洛阳照禅师，照曰：“菩萨中人也。”

元和五年，抵襄汉，遇恢觉寺灵峰阇黎，病中授与清凉国师所撰《华严大疏》二十卷、《大钞》四十卷。览之，欣然曰：“吾禅遇南宗，教逢《圆觉》，一言之下，心地开通，一轴之中，义天朗耀。今复得此大法，吾其幸哉！”即为众讲一遍。元和六年，往东都礼祖塔，驻锡永穆寺。四众再请，讲第二遍。听众徒中有泰恭者，不胜庆遇，断臂酬恩。

师因未见清凉，遂修书一缄，并述领解新”《疏》《钞》中关节血脉一篇，遥叙门人之礼，差徒玄珪、智辉驰奉疏主，疏主批答云：“不面不传，得旨系表，意犹吾心，未之有也。非凭圣力，必借宿因，轮王真子，可以为喻。傥得一面，印所悬解，复何加焉？”讲毕，诣上都，礼觐清凉国师，印曰：“毗卢华藏，能从我游者，舍汝其谁欤？”初二年间，昼夜随侍，次后虽于诸寺讲论，有疑则往来咨决不绝。

数年请益后，至元和十一年春，在终南山智炬寺出《圆觉科文》《纂要》二卷，誓不下山，遍阅藏经三年。愿毕，十四年于兴福寺出《金刚纂要疏》一卷、《钞》一卷。十五年春，于上都兴福、保寿二寺集《唯识疏》二卷。长庆元年，退居鄠县草堂寺。二年春，重治《圆觉经》解，又于南山丰德寺制《华严纶贯》五卷。三年夏，于丰德寺纂《四分律疏》三卷，至冬初，《圆觉》著述功就，《大疏》三卷、《大钞》十三卷，随后又注《略疏》两卷、《小钞》六卷、《道场修证仪》十八卷。

太和二年庆成节，文宗诏入内殿，问诸法要，赐紫袍，敕号大德。朝庶士臣，咸皆归仰，唯相国裴休深入堂奥而为外护。

山南温造尚书问：“悟理息妄之人，不复结业，一期寿终之后，灵性何依？”

师曰：“一切众生莫不具有觉性，灵明空寂，与佛无殊，但以无始劫来未曾了悟，妄执身相为我，故生爱恶等情，随情造业，随业受报，生老病死，长劫轮回。然身中觉性未曾生死，如梦被驱役，而身本安闲；如池水作冰，而湿性不易。若能悟此性，即是法身，本自无生，何有依托？真理虽然顿达，妄情难以卒除，须常觉察，损之又损。但可以空寂为自体，勿认色身；以灵知为自心，勿认妄念。妄念若起，都不随之，即临命终时，业自不能系，虽有中阴，所向自由，天上人间，随意寄托。若爱恶之念已泯，即不受分段之身。若微细流注寂灭，则圆觉大智朗然。随机现化，名之为佛。偈曰：‘作有义事，是惺悟心；作无义事，是狂乱心。狂乱随情念，临终被业牵；惺悟不由情，临终能转业。’”

前后著《涅槃》《起信》《兰盆》《行愿》《法界观》等经论疏钞，并集诸宗禅言为《禅源诠》，及酬答、书、偈、议论等，总九十余卷。

武宗会昌元年正月六日，于兴福院诫门人，令舁尸施鸟兽，其骨焚而散之，言讫坐灭。其月二十二日，道俗奉全身于圭峰荼毗，得舍利数十粒，皆白润，及火后，门人泣而求之，并得于煨烬内，乃藏之石室。阅世六十二，僧腊三十四，门弟子僧尼四众得度脱者，凡数千人。

相国裴休撰碑文，略曰：“一心者，万法之总也，分而为定慧，开而为六度，散而为万行。万行未曾非一心，一心未尝违万行。”“故禅师之为道也，以知见为法门，以寂净为正味，慈忍为甲胄，慧断为剑矛。”“镇抚邪杂，解释缧笼。”“穷子不归，贫女不富，吾师耻之。三乘不兴，四分不振，吾师耻之。忠孝不并化，荷担不胜任，吾师耻之。”“故皇皇于济拔，汲汲于开诱。不以一行自高，不以一德自耸，人有皈依者，不俟请而往也；有求益者，不俟愤则启矣。虽童幼，不简于应接；虽傲狠，不怠于扣励。真如来付嘱之菩萨，众生不请之良友。其四依之人乎？其十地之人乎？”

至宣宗，追谥定慧禅师，塔曰青莲，详载他集。

——录自《法界宗五祖略记》